Betriebswirtschaftslehre
Eine Einführung in hierarchischen Modulen
Band 8 – Unternehmensrechnung
– Betriebsbuchhaltung –

1. Auflage

Eike Clausius

Danksagung

Der Verfasser bedankt sich an dieser Stelle bei all denjenigen, mit deren Anteilnahme und Mithilfe dieser Band entstanden ist. Besonders meine Studenten/ -innen der Einführung in die Betriebswirtschaftslehre trugen durch ihr ständiges Hinterfragen und ihre hilfreichen Anregungen zum Entstehen dieses Werkes bei.

Mein Dank geht hier auch an meine wissenschaftliche Mitarbeiterin Dipl-oec. Petra Grundke. Sie hat mit intensivem Interesse und hohem persönlichen Einsatz viel zur Erstellung dieses Bandes beigetragen. Ihr sei auch für die Ermunterungen und Diskussionen gedankt.

Mein ganz persönlicher Dank gilt meiner Frau Evelyn, die mich vor familiären und zeitlichen Blockaden bewahrt, unterstützt und mir stets Mut zugesprochen hat: Ihr widme ich diese Publikation.

Eike Clausius
Berlin/ Zwickau 2016

Betriebswirtschaftslehre

– Eine Einführung in hierarchischen Modulen –

Band 8
– Unternehmensrechnung –
– Betriebsbuchhaltung –

Eike Clausius

Berlin/ Zwickau 2016

1. Auflage

© 2016 www.eikeclausius.de

Alle Rechte vorbehalten. All rights reserved.

Alle Rechte, auch die der Übersetzung, des Nachdrucks und der Vervielfältigung des Werkes oder Teilen daraus, vorbehalten. Kein Teil des Werkes darf ohne schriftliche Genehmigung des Verlages in irgendeiner Form (Fotokopie, Fotografie, Mikrofilm oder ein anderes Verfahren), auch nicht für Zwecke der Unterrichtsgestaltung, reproduziert oder unter Verwendung elektronischer Systeme verarbeitet, vervielfältigt oder verbreitet werden.

Die Wiedergabe von eventuell verwendeten Gebrauchsnamen, Handelsnamen, Warenbezeichnungen usw. in diesem Werk berechtigt auch ohne besondere Kennzeichnung nicht zu der Annahme, dass solche Namen im Sinne der Warenzeichen- und Markenschutz-Gesetzgebung als frei zu betrachten wären und daher von jedermann benutzt werden dürften.

Trotz sorgfältigem Lektorat können Fehler auftreten. Autor und Verlag sind dankbar über diesbezügliche Hinweise.

Jegliche Haftung ist ausgeschlossen, alle Rechte bleiben vorbehalten.

Bibliografische Information der Deutschen Nationalbibliothek:
Die Deutsche Nationalbibliothek verzeichnet diese Publikation in der Deutschen Nationalbibliografie; detaillierte bibliografische Daten sind im Internet über http://dnb.dnb.de abrufbar.

© 2016 Dr. Eike Clausius

Illustration: Dr. Clausius Consulting

Herstellung und Verlag: BoD – Books on Demand, Norderstedt

ISBN: 9-7837-3575-765-4

Inhaltsverzeichnis

1	Einführung in die Betriebswirtschaftslehre	9
2	Betrieb als Erkenntnisobjekt der Betriebswirtschaftslehre	9
3	Konstitutionaler Rahmen von Betrieben	9
4	Konstitutionaler Rahmen: privatrechtliche Rechtsformen von Betrieben	9
5	Konstitutionaler Rahmen: Unternehmenswendepunkte	9
6	Institutionaler Rahmen von Betrieben	9
7	Unternehmensrechnung: Finanzbuchbuchhaltung	9
8	**Unternehmensrechnung: Betriebsbuchhaltung**	10
8.1	Betriebsbuchhaltung und deren Aufgabe	10
8.2	Grundbegriffe der Kosten- und Leistungsrechnung	15
8.3	Abgrenzungsrechnung (neutrale Ergebnisrechnung)	32
8.4	Systeme der Kostenrechnung	37
8.5	Stufen der Kostenrechnung	40
8.6	Kostenartenrechnung	43
8.7	Kostenstellenrechnung	50
8.7.1	Aufgaben der Kostenstellenrechnung	50
8.7.2	Instrumente der Kostenstellenrechnung	55
8.8	Kostenträgerrechnung	70
8.8.1	Aufgaben und Formen der Kostenträgerrechnung	70
8.8.2	Instrumente der Kostenträgerrechnung	77
8.9	**Kurzfristige Erfolgsrechnung auf Vollkostenbasis**	88
8.9.1	Aufgaben der Kurzfristigen Erfolgsrechnung	88
8.9.2	Instrumente der Kurzfristigen Erfolgsrechnung	91
8.10	**Kurzfristige Erfolgsrechnung auf Teilkostenbasis**	95
8.10.1	Überblick über Teilkostenrechnungssysteme	95
8.10.2	Deckungsbeitragsrechnung – Umsatzkostenverfahren auf Teilkostenbasis als Direct Costing	101

Abkürzungsverzeichnis 118

Sachwortregister 119

Literaturverzeichnis 127

Über den Autor 129

Abbildungsverzeichnis

Abbildung 97 - Unternehmensrechnung 10
Abbildung 98 - Grundbegriffe der Kosten- und Leistungsrechnung – Teil 1 – 15
Abbildung 99 - Grundbegriffe der Kosten- und Leistungsrechnung – Teil 2 – 16
Abbildung 100 - Abgrenzungsbereiche von Bewegungsgrößen des betrieblichen
　　　　　　　　Rechnungswesens 17
Abbildung 101 - Aufwand – Kosten: eine dezidierte Betrachtung 18
Abbildung 102 - Ertrag - Leistung: eine dezidierte Betrachtung 27
Abbildung 103 - Aufgaben, Vorgehensweise und Instrumente der Abgrenzungsrechnung 32
Abbildung 104 - Herleitung der Ergebnistabellen zur Abgrenzungsrechnung
　　　　　　　　– grobe Einteilung der Rechnungsbereiche I und II 35
Abbildung 105 - Ergebnistabelle der Abgrenzungsrechnung
　　　　　　　　– grobe Einteilung der Rechnungsbereiche I und II 36
Abbildung 106 - Merkmale von Kostenrechnungssystemen 37
Abbildung 107 - Matrix der Kostenrechnungssysteme 39
Abbildung 108 - Schematische Darstellung der abrechnungstechnischen Beziehungen
　　　　　　　　innerhalb des Triumvirats der Kostenrechnung 40
Abbildung 109 - Kostenartenrechnung - Aufgaben und Instrumente 43
Abbildung 110 - Kostenstellenrechnung 50
Abbildung 111 - Kostenstellenrechnungsinstrumente 55
Abbildung 112 - Grundstruktur eines Betriebsabrechnungsbogens (BAB) 57
Abbildung 113 - Kostenträgerrechnung - Aufgaben und Formen 70
Abbildung 114 - Kalkulationsverfahren in Abhängigkeit vom Leistungserstellungsverfahren . 75
Abbildung 115 - Systematik von Kalkulationsverfahren 77
Abbildung 116 - Schematische Darstellung einer differenzierenden Zuschlagskalkulation 84
Abbildung 117 - Schematische Darstellung der abrechnungstechnischen Beziehungen
　　　　　　　　innerhalb des Triumvirats der Kostenrechnung sowie der
　　　　　　　　Kurzfristigen Erfolgsrechnung auf Vollkostenbasis 89
Abbildung 118 - Systeme der Teilkostenrechnung und der Deckungsbeitragsrechnung 95
Abbildung 119 - Verfahren der Kosten- und Leistungsrechnung auf
　　　　　　　　Vollkosten- und Teilkostenbasis 97
Abbildung 120 - Deckungsbeitragsrechnung – Umsatzkostenverfahren auf
　　　　　　　　Teilkostenbasis als Direct Costing 101
Abbildung 121 - Schematische Darstellung der abrechnungstechnischen Beziehungen
　　　　　　　　innerhalb des Triumvirats der Kostenrechnung sowie der
　　　　　　　　Kurzfristigen Erfolgsrechnung auf Teilkostenbasis 103
Abbildung 122 - Grundschema der Deckungsbeitragsrechnung in Form des
　　　　　　　　einstufigen Direct Costing am Beispiel eines
　　　　　　　　zweistufigen Leistungserstellungsprogramms 106

Abbildung 123 - Beispiel einer graphischen Darstellung einer Gewinnschwellenrechnung .. 110
Abbildung 124 - Grundschema der Deckungsbeitragsrechnung in Form des
mehrstufigen Direct Costing am Beispiel eines
zweistufigen Leistungserstellungsprogramms 114

1 Einführung in die Betriebswirtschaftslehre

Siehe Betriebs-Wirtschaft-Lehre – eine Einführung in hierarchischen Modulen – **Band 1**.

2 Betrieb als Erkenntnisobjekt der Betriebswirtschaftslehre

Siehe Betriebs-Wirtschaft-Lehre – eine Einführung in hierarchischen Modulen – **Band 2**.

3 Konstitutionaler Rahmen von Betrieben

Siehe Betriebs-Wirtschaft-Lehre – eine Einführung in hierarchischen Modulen – **Band 3**.

4 Konstitutionaler Rahmen: privatrechtliche Rechtsformen von Betrieben

Siehe Betriebs-Wirtschaft-Lehre – eine Einführung in hierarchischen Modulen – **Band 4**.

5 Konstitutionaler Rahmen: Unternehmenswendepunkte

Siehe Betriebs-Wirtschaft-Lehre – eine Einführung in hierarchischen Modulen – **Band 5**.

6 Institutionaler Rahmen von Betrieben

Siehe Betriebs-Wirtschaft-Lehre – eine Einführung in hierarchischen Modulen – **Band 6**.

7 Unternehmensrechnung: Finanzbuchbuchhaltung

Siehe Betriebs-Wirtschaft-Lehre – eine Einführung in hierarchischen Modulen – **Band 7**.

8 Unternehmensrechnung: Betriebsbuchhaltung

8.1 Betriebsbuchhaltung und deren Aufgabe

Abbildung 97 - Unternehmensrechnung

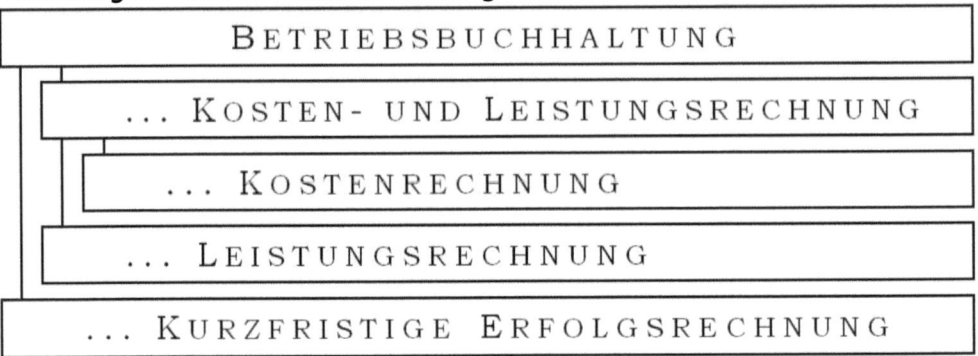

Im Kapitel `Hauptaufgaben des Rechnungswesens´ ist das intern orientierte Rechnungswesen als Teilbereich des betrieblichen Rechnungswesens charakterisiert worden, der die Informationsversorgung unternehmensinterner Adressaten sicherstellt. Ebenso wie im Bereich des extern orientierten Rechnungswesens hat das **intern orientierte Rechnungswesen** Informationen zahlenmäßiger Abbildungen des Wirtschaftsgeschehens zwischen dem Betrieb und seiner Umwelt sowie innerhalb des Betriebs bereitzustellen. Die Adressaten des intern orientierten Rechnungswesens benötigen dazu entscheidungsunterstützende Informationen, um im Rahmen der betrieblichen Planungs- beziehungsweise Entscheidungs- und Kontrollprozesse ihrer Aufgabe der Existenzsicherung des Unternehmens und der Unternehmensvermögensmehrung gerecht werden zu können.

Das intern orientierte Rechnungswesen hat primär die Aufgabe, das Management mit denjenigen Informationen aus dem Rechnungswesen zu versorgen, die notwendig sind, seine Aufgaben der Unternehmensführung zielorientiert und adäquat erfüllen zu können.

Die Hauptbestandteile des intern orientierten Rechnungswesens bilden die

- KOSTEN- UND LEISTUNGSRECHNUNG UND
- KURZFRISTIGE ERFOLGSRECHNUNG.

Kosten- und Leistungsrechnung

Das intern orientierte Rechnungswesen setzt sich aus den Komponenten zusammen der

- KOSTENRECHNUNG UND
- LEISTUNGSRECHNUNG.

Kostenrechnung

Als **Aufgaben der Kostenrechnung** sind zu sehen

- die Ermittlung der relevanten Kosteninformationen für dispositive Zwecke (Dispositionsaufgaben der Kostenrechnung) sowie
- die Kontrolle der Wirtschaftlichkeit des betrieblichen Geschehens (Kontrollaufgaben der Kostenrechnung) und damit einen Beitrag zur Sicherstellung der Rentabilität zu leisten.

Die **Dispositionsaufgaben der Kostenrechnung** erstrecken sich auf

- die Ermittlung der Selbstkosten eines Kostenträgers (Kalkulation der betrieblichen Leistung) zur Bestimmung der kostenorientierten Preisuntergrenze als Stückrechnung einer Leistung;
- die veranlassungsgerechte Ermittlung entscheidungsrelevanter Kosten, um diesen die Marktleistung eines Betrachtungszeitraums gegenüberstellen zu können;
- die Ermittlung von kostenorientierten Rechnungsgrundlagen für Programm- und Verfahrensentscheidungen;
- die Ermittlung von Wertansätzen für die Bilanz zur Bewertung von Zwischen- und Endleistungen.

Die **Kontrollaufgabe der Kostenrechnung** besteht in

- der Ermittlung von Sollkosten, um ständig das Verhältnis von Sollkosten zu (Ist-)Selbstkosten festzustellen, damit eine Kontrolle der Wirtschaftlichkeit in seiner Ausprägung als Sparsamkeitsprinzip stattfinden kann sowie

- der Ermittlung von Abweichungen von Plan- und Istberechnungsgrößen (Planabweichungsanalyse).

LEISTUNGSRECHNUNG

Als **Aufgaben der Leistungsrechnung** – oft auch als **Erlösrechnung** beschrieben – sind in Analogie zur Kostenrechnung zu nennen:

- die Ermittlung der relevanten Leistungsinformationen für dispositive Zwecke (Dispositionsaufgaben der Leistungsrechnung) sowie
- die Kontrolle der Wirtschaftlichkeit des betrieblichen Geschehens (Kontrollaufgabe der Leistungsrechnung).

Die **Dispositionsaufgaben der Leistungsrechnung** erstrecken sich auf

- die Ermittlung der zu erwartenden Erlöse einer Leistung (Kalkulation der marktorientierten Leistung);
- die Ermittlung von leistungsorientierten Unterlagen über die Aktivitäten der Leistungsverwertung des Betriebs nach bestimmten Kriterien (Abnehmergruppen, regionale Aspekte).

Die **Kontrollaufgabe der Leistungsrechnung** setzen sich zusammen aus

- der Ermittlung von Sollleistungen, um das Verhalten von Soll- und Istleistungen (Erlösen) festzustellen, um die Berechnung der Wirtschaftlichkeit in seiner Ausprägung als Ergiebigkeitsprinzip durchführen zu können sowie
- der Ermittlung von Abweichungen auf Soll- und Istleistungen, um diese analysieren zu können.

Kurzfristige Erfolgsrechnung

Die **Kurzfristige Erfolgsrechnung** des intern orientierten Rechnungswesens unterscheidet sich grundlegend gegenüber der Erfolgsrechnung des extern orientierten Rechnungswesens.

Im extern orientierten Rechnungswesen wird der Jahreserfolg des Betriebs in der Bilanz beziehungsweise der Gewinn- und Verlustrechnung ermittelt, in der bestimmte bewertungsrechtliche Vorschriften einzuhalten sind. Der Jahreserfolg ermittelt sich durch die Differenz zwischen Erträgen und Aufwendungen.

Die Kurzfristige Erfolgsrechnung des intern orientierten Rechnungswesens – oder kurz: die Kurzfristige Erfolgsrechnung – wird als Ergänzung zur jährlichen Rechnung des extern orientierten Rechnungswesens gesehen, um auf der Basis unterjähriger (wöchentlich, monatlich, vierteljährlich) Kosten und Leistungen (Erlöse) für dispositive Zwecke der Unternehmenssteuerung bereitzustehen.

Für dispositive Aufgaben ist die Finanzbuchhaltung ungeeignet, da

- die Informationen über den ermittelten (Jahres-)Erfolg für die Informationsbedürfnisse der Unternehmensführung bezüglich des zu kontrollierenden betrieblichen Bereichs zu spät vorliegen;
- die Ermittlung des bilanziell ermittelten Jahreserfolgs aufgrund bewertungsrechtlicher bilanzieller Wahlrechte zu erfolgen hat und somit im Interesse externer Adressaten, aber nicht der internen Adressaten erfolgt;
- die Quellen des Erfolgs im Einzelnen nicht erkennbar sind, sondern lediglich das Gesamtunternehmen betrachtet wird und keine Differenzierung nach Leistungen, Leistungsgruppen oder Unternehmensbereiche vorgenommen wird;
- der Jahreserfolg der Finanzbuchhaltung aus vergangenheitsorientierten Informationen besteht (Istinformationen) und für eine echte Kontrolle des betrieblichen Erfolgs der Form Soll-Ist-Vergleich nicht stattfinden kann.

Als **Aufgaben der Kurzfristigen Erfolgsrechnung** sind zu nennen

- die Ermittlung des unterjährigen, meist monatlichen Betriebserfolgs auf der Basis der entscheidungsrelevanten Kosten und der tatsächlichen oder zu erwartenden Erlöse, differenziert nach einzelnen Erfolgsquellen (Leistungsart, Leistungsgruppe oder betrieblicher Teilbereich);
- die Ermittlung von Informationen, um frühzeitiger als durch die Finanzbuchhaltung betriebliche Fehlentwicklungen erkennen und beseitigen zu können;
- die Bereitstellung von Informationen für dispositive Zwecke.

8.2 Grundbegriffe der Kosten- und Leistungsrechnung

Abbildung 98 - Grundbegriffe der Kosten- und Leistungsrechnung – Teil 1 –

- GRUNDBEGRIFFE DER KOSTEN- UND LEISTUNGSRECHNUNG
  - ... ABGRENZUNG: AUFWAND - KOSTEN
    - ... AUFWAND - EINE DEZIDIERTE BETRACHTUNG
      - ... NEUTRALER AUFWAND
        - ... ZEITRAUMFREMDER AUFWAND
        - ... AUSSERORDENTLICHER AUFWAND
        - ... BETRIEBSFREMDER AUFWAND
      - ... ZWECKAUFWAND
        - ... ZWECKAUFWAND ALS GRUNDKOSTEN
        - ... ZWECKAUFWAND ALS ANDERSKOSTEN
    - ... KOSTEN – EINE DEZIDIERTE BETRACHTUNG
      - ... GRUNDKOSTEN
      - ... KALKULATORISCHE KOSTEN
        - ... ANDERSKOSTEN
          - ... KALKULATORISCHE ZINSEN (ALS ANDERSKOSTEN)
          - ... KALKULATORISCHE ABSCHREIBUNGEN (ALS ANDERSKOSTEN)
        - ... ZUSATZKOSTEN
          - ... KALKULATORISCHE WAGNISSE
          - ... KALKULATORISCHER UNTERNEHMERLOHN
          - ... KALKULATORISCHE MIETE

Abbildung 99 - Grundbegriffe der Kosten- und Leistungsrechnung – Teil 2 –

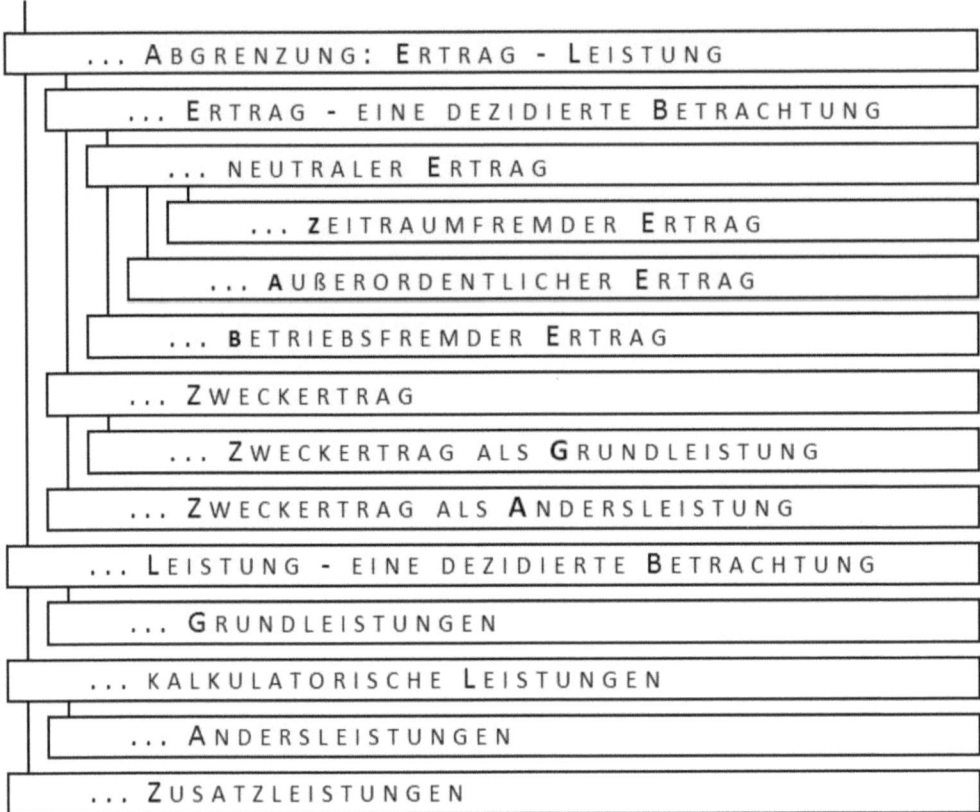

Als `negative´ Bewegungsgrößen wurden bereits in einem früheren Kapitel herausgearbeitet Auszahlung, Ausgabe, Aufwand und Kosten sowie als `positive´ Bewegungsgrößen Einzahlung, Einnahme, Ertrag und Leistung.[1]

Die folgende Abbildung grenzt graphisch die unterschiedlichen Begriffe voneinander ab, so dass sich einerseits die jeweiligen Bewegungsgrößen teilweise tangieren und somit inhaltlich übereinstimmen, andererseits inhaltlich jedoch eigenständig sind.

---

[1] Vgl. zu `Bewegungsgrößen´ Kapitel 7.3. in Band 7 dieser Reihe.

Abbildung 100 - Abgrenzungsbereiche von Bewegungsgrößen des betrieblichen Rechnungswesens

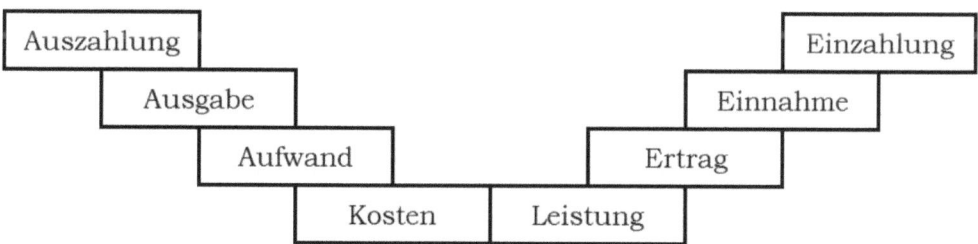

Um den **Aufgaben der Kostenrechnung** und **Leistungsrechnung** gerecht zu werden, wird nachfolgend ausführlich auf die Grundbegriffe in Bezug auf die Unterscheidung zwischen Aufwand und Kosten sowie Ertrag und Leistung eingegangen:

- ABGRENZUNG: AUFWAND – KOSTEN UND
- ABGRENZUNG: ERTRAG – LEISTUNG.

ABGRENZUNG: AUFWAND – KOSTEN

Abbildung 101 - Aufwand – Kosten: eine dezidierte Betrachtung

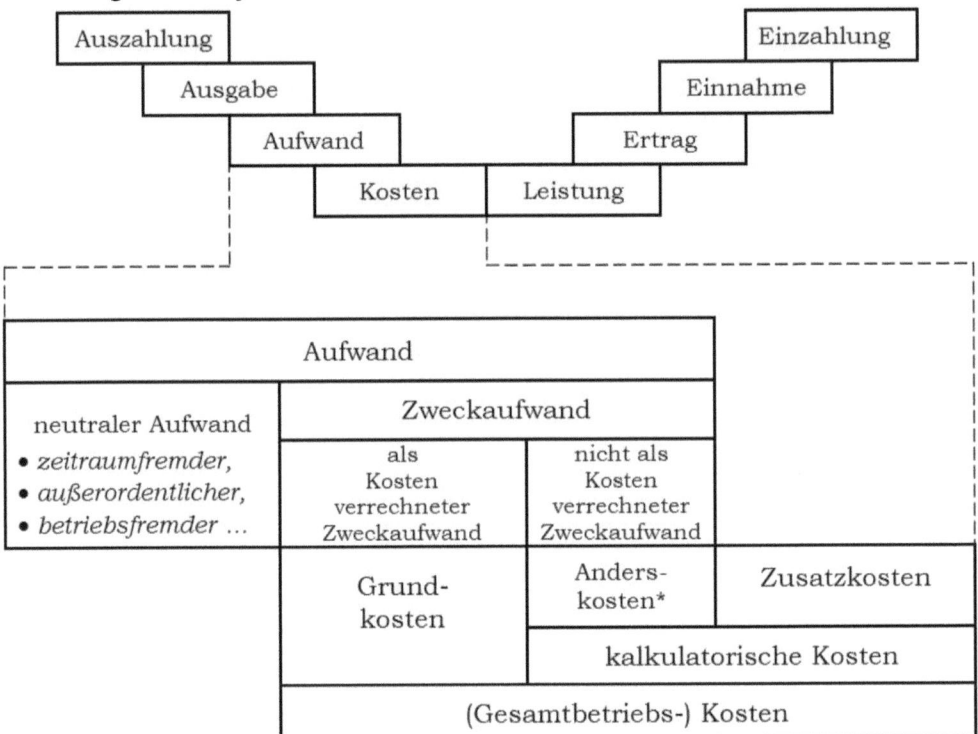

* Die Anderskosten können größer oder kleiner als der nicht als Kosten verrechnete Zweckaufwand sein.

Aufwand ist der bewertete Verzehr an Gütern in Form von Sach- und/ oder Dienstleistungen[2] innerhalb eines Betrachtungszeitraums, unabhängig von der Verwertung des Guts. Ein Aufwand stellt jegliche Verringerung des Bestands `Gesamtvermögen´ innerhalb eines Betrachtungszeitraums dar, der sich aufgrund gesetzlicher Vorschriften und bewertungsrechtlicher Möglichkeiten für die Finanzbuchhaltung ermitteln und verrechnen lässt.

---

[2] Vgl. zu `Sachleistungen´ und `Dienstleistungen´ Kapitel 1.3 in Band 1 dieser Reihe.

Kosten sind der bewertete Verzehr an Gütern in Form von Sach- und/ oder Dienstleistungen[3] innerhalb eines Betrachtungszeitraums, soweit sie durch die eigentliche, betriebstypische Leistungserstellung und -verwertung sowie durch die Aufrechterhaltung der Betriebsbereitschaft veranlasst worden sind (wertmäßiger Kostenbegriff). Kosten stellen somit jegliche Verringerungen des Bestands `betriebsnotwendigen Vermögen´ innerhalb eines Betrachtungszeitraums dar, die sich als Information für die zielorientierten Aufgaben in der Kosten- und Leistungsrechnung ermitteln und verrechnen lassen.

Im Folgenden wird auf eine genaue Unterscheidung eingegangen werden:

- AUFWAND - EINE DEZIDIERTE BETRACHTUNG UND
- KOSTEN - EINE DEZIDIERTE BETRACHTUNG.

---

[3] Vgl. zu `Sachleistungen´ und `Dienstleistungen´ Kapitel 1.3 in Band 1 dieser Reihe.

Aufwand - eine dezidierte Betrachtung

Der **(Gesamt-)Aufwand** wird unterschieden in

- NEUTRALER AUFWAND UND
- ZWECKAUFWAND.

Neutraler Aufwand

Neutraler Aufwand ist Aufwand, der nicht Kosten ist, somit nicht bei der betriebstypischen Leistungserstellung und -verwertung entsteht. Als neutraler Aufwand wird bezeichnet:

- ZEITRAUMFREMDER AUFWAND,
- AUSSERORDENTLICHER AUFWAND UND
- BETRIEBSFREMDER AUFWAND.

Zeitraumfremder Aufwand

Zeitraumfremder Aufwand ist Aufwand, der zwar betriebsbedingt ist, jedoch in einem anderen Betrachtungszeitraum berücksichtigt werden muss wie beispielsweise eine Gewerbesteuer-Nachzahlung.

Außerordentlicher Aufwand

Außerordentlicher Aufwand ist Aufwand, der zwar betriebsbedingt ist, jedoch nach Art, Rhythmizität und/ oder Höhe so außergewöhnlich ist, dass er nicht als Kosten verrechnet wird, da sonst die Ergebnisse der (Selbst-)Kostenrechnung und (Betriebs-)Ergebnisrechnung zu stark verzerrt würden wie beispielsweise sämtliche durch Versicherungsentschädigungen nicht abgedeckten Vorfälle wie Feuerschäden, Schäden durch höhere Gewalt oder selbstveranlasste Umweltschäden.

Betriebsfremder Aufwand

Betriebsfremder Aufwand ist Aufwand, der in keinem Zusammenhang mit der (eigentlichen) betriebstypischen Leistungserstellung und -verwertung steht wie beispielsweisebeispielsweise Spenden für wohltätige, wissenschaftliche oder politische Zwecke.

Zweckaufwand

Zweckaufwand ist Aufwand, der betriebstypisch, ordentlich und zeitraumgerecht ist und differenziert wird in

- Zweckaufwand als Grundkosten und
- Zweckaufwand als Anderskosten.

Zweckaufwand als Grundkosten

Der Aufwand, der unverändert in die Kostenrechnung übernommen werden kann, ist der Teil des **Zweckaufwands**, der als Grundkosten in die Kostenrechnung einfließt. **Grundkosten** sind sämtliche betriebstypischen, ordentlichen, zeitraumgerechten Aufwendungen.

Zweckaufwand als Anderskosten

Der Aufwand, der aufgrund einer zielorientierten Ausrichtung der Kostenrechnung verändert von der Finanzbuchhaltung in die Kostenrechnung übernommen wird, ist der Teil des Zweckaufwands, der als Aufwand in anderer Höhe in die Kostenrechnung einfließt als er in der Finanzbuchhaltung angesetzt ist. Diese **Anderskosten** sind sämtliche betriebstypischen, ordentlichen, zeitraumgerechten Aufwendungen, die einen Werteverzehr dokumentieren, jedoch in der Kostenrechnung in anderer Höhe erfasst werden als diese aufgrund gesetzlicher Bestimmungen in der Finanzbuchhaltung bewertet sind.

Kosten - eine dezidierte Betrachtung

Die gesamten **Kosten**, die in der Kostenrechnung ermittelt werden, werden eingeteilt in

- Grundkosten und
- kalkulatorische Kosten.

Grundkosten

Als **Grundkosten** wird der Teil der Kosten bezeichnet, der aufwandsgleich ist, das heißt der in der Finanzbuchhaltung ermittelte (Zweck-)Aufwand kann unverändert in die Kostenrechnung übernommen werden.

Kalkulatorische Kosten

Kalkulatorische Kosten sind durch einen wertmäßigen Ansatz von Kosten veranlasste Werteverzehre, die so gewählt werden, dass sie für eine zielorientierte Kosten- und Leistungsrechnung für managementorientierte Entscheidungen zweckmäßig erscheinen. Nuancieren lassen sich diese in

- Anderskosten und
- Zusatzkosten.

Anderskosten

Anderskosten sind Kosten, die einen betriebsnotwendigen Werteverzehr darstellen, der jedoch in der Finanzbuchhaltung meistens aufgrund gesetzlicher Bestimmungen in anderer Höhe erfasst wird, als dieser für eine Kosten- und Leistungsrechnung zweckmäßig ist. Zu den Anderskosten lassen sich rechnen

- kalkulatorische Zinsen (als Anderskosten) und
- kalkulatorische Abschreibungen (als Anderskosten).

KALKULATORISCHE ZINSEN (ALS ANDERSKOSTEN)

Zinsen für das betriebsnotwendige Kapital werden in der Finanzbuchhaltung nur durch die Fremdkapitalzinsen erfasst (Anderskosten).

Ziel des Ansatzes von **kalkulatorischen Zinsen** ist es, den Werteverzehr des im Unternehmen eingesetzten Kapitals zu berücksichtigen. Im Unternehmen unterliegt das Kapital einem Werteverzehr, im Sinne eines Nutzenentgangs (Opportunitätskosten), denn das Kapital hätte auch auf dem Kapitalmarkt zu einem dort üblichen Marktzins angelegt werden können. In der Kostenrechnung stellen kalkulatorische Zinsen Kosten für die Nutzung des betriebsnotwendigen Kapitals (auch Eigenkapital) dar. Der Ansatz von kalkulatorischen Zinsen ermöglicht eine gleichmäßige Belastung der Betrachtungszeiträume mit Zinskosten. Werden die kalkulatorischen Zinsen über den Verkaufserlös vergütet, so beeinflussen sie das Gesamtergebnis positiv.

KALKULATORISCHE ABSCHREIBUNGEN (ALS ANDERSKOSTEN)

In der Finanzbuchhaltung werden Werteverzehre des Anlagevermögens durch bilanzmäßige Abschreibungen aufgrund steuerrechtlicher Vorschriften als Aufwand erfasst, der letztendlich in der kostenorientierten Preisbestimmung berücksichtigt wird.

In der Kostenrechnung werden Werteverzehre des Anlagevermögens durch kalkulatorische Abschreibungen in anderer Höhe erfasst als in der Finanzbuchhaltung, um den tatsächlichen Werteverzehr des Anlagevermögens zu erfassen. Diese **kalkulatorischen Abschreibungen** gehen in die (Selbstkosten-)Kalkulation sowie die Betriebsergebnisrechnung ein. Werden die kalkulatorischen Abschreibungen über die am Markt erzielten Verkaufserlöse vergütet, so beeinflussen sie das Gesamtergebnis positiv.

Zusatzkosten

Zusatzkosten sind Kosten, die einen betriebsnotwendigen Werteverzehr darstellen, der keiner Entsprechung in der Finanzbuchhaltung gegenübersteht.

Als Zusatzkosten werden gesehen

- KALKULATORISCHE **W**AGNISSE,
- KALKULATORISCHER **U**NTERNEHMERLOHN UND
- KALKULATORISCHE **M**IETE.

Kalkulatorische Wagnisse

Kalkulatorische Wagnisse sind Risiken, die in unbestimmter Höhe zu einem unbestimmten Zeitpunkt eintreten und zu unbestimmten Aufwendungen führen. Können Wagnisse durch Versicherungen abgedeckt werden, dürfen keine kalkulatorischen Wagnisse angesetzt werden, da Versicherungsprämien Zweckaufwand, das heißt Grundkosten sind.

Kalkulatorischer Unternehmerlohn

Ökonomisch wird die Berücksichtigung des kalkulatorischen **Unternehmerlohns** wie folgt begründet:

In Kapitalgesellschaften wird als Entgelt für die dispositive Arbeitsleistung der Unternehmensführung ein **Gehalt** gezahlt. Dieses Gehalt wird in der Finanzbuchhaltung als Aufwand und in der Kostenrechnung als Kosten verrechnet.

In Personengesellschaften und Einzelunternehmen darf aus handels- und steuerrechtlichen Gründen die Arbeitsleistung der Inhaber nicht durch ein Gehalt vergütet werden, sondern ist aus dem **Gewinn** zu decken. Aufwand entsteht somit nicht!

Dieses Ergebnis ist für die kostenrechnerische Zielsetzung unbefriedigend, da tatsächlich ein Verbrauch an Produktionsfaktoren (Arbeitskraft) stattfindet. In der Kostenrechnung sollen sämtliche Kosten erfasst werden. Dazu zählt auch die Arbeitsleistung des mitarbeitenden Unternehmers. Dieser Verbrauch wird deshalb mit Hilfe des kalkulatorischen Unternehmerlohns erfasst, dessen Höhe sich nach dem entsprechenden Angestelltengehalt in einem vergleichbaren Unternehmen richtet.

KALKULATORISCHE MIETE

Für die Nutzung von betriebseigenen Gebäuden wird i.d.R. keine kalkulatorische Miete angesetzt, da diese bereits durch kalkulatorische Abschreibungen und kalkulatorische Zinsen Berücksichtigung gefunden hat. Durch den Ansatz von wesentlichen Teilen der Gebäude und Grundstücksaufwendungen durch kalkulatorische Abschreibungen und kalkulatorische Zinsen entfällt hier der Ansatz von kalkulatorischer Miete bei Industriebetrieben.

Bei Einzelunternehmen oder Gesellschaftern von Personengesellschaften, von denen Privaträume für betriebstypische Zwecke zur Verfügung gestellt werden, sollte eine **kalkulatorische Miete** in die Kostenrechnung eingerechnet werden, da die eigengenutzten Räume **Opportunitätskosten** und somit einen Nutzenentgang darstellen, denn die Räume hätten auch auf dem Wohnungsmarkt zur Vermietung angeboten werden können. Die Höhe der kalkulatorischen Miete richtet sich nach der ortsüblichen Miete.

ABGRENZUNG: ERTRAG – LEISTUNG

Ertrag ist die bewertete Entstehung von Gütern in Form von Sach- und/ oder Dienstleistungen[4] innerhalb eines Betrachtungszeitraums unabhängig von der Herkunft des Guts. Ein Ertrag stellt somit jegliche Vermehrung des Bestands an ʿGesamtvermögenʾ innerhalb eines Betrachtungszeitraums dar, der sich aufgrund gesetzlicher Vorschriften und bewertungsrechtlicher Möglichkeiten für die Finanzbuchhaltung ermitteln lässt.

Leistung ist die bewertete Entstehung von Gütern in Form von Sach- und/ oder Dienstleistungen[5] innerhalb eines Betrachtungszeitraums, soweit sie durch die (eigentliche) betriebliche Leistungserstellung und -verwertung sowie die Aufrechterhaltung der Betriebsbereitschaft veranlasst worden sind (wertmäßiger Leistungsbegriff). Leistungen stellen somit jegliche Vermehrungen des Bestands an ʿbetriebsnotwendigem Vermögenʾ innerhalb eines Betrachtungszeitraums dar.

Gegenüber dem Begriff Leistung umfasst der Begriff **Erlös** lediglich die verwerteten Leistungen. Es wird auch vom **Umsatz** oder **Umsatzerlös** gesprochen.

---

[4] Vgl. zu ʿSachleistungenʾ und ʿDienstleistungenʾ Kapitel 1.3 in Band 1 dieser Reihe.
[5] Vgl. zu ʿSachleistungenʾ und ʿDienstleistungenʾ Kapitel 1.3 in Band 1 dieser Reihe.

Abbildung 102 - Ertrag - Leistung: eine dezidierte Betrachtung

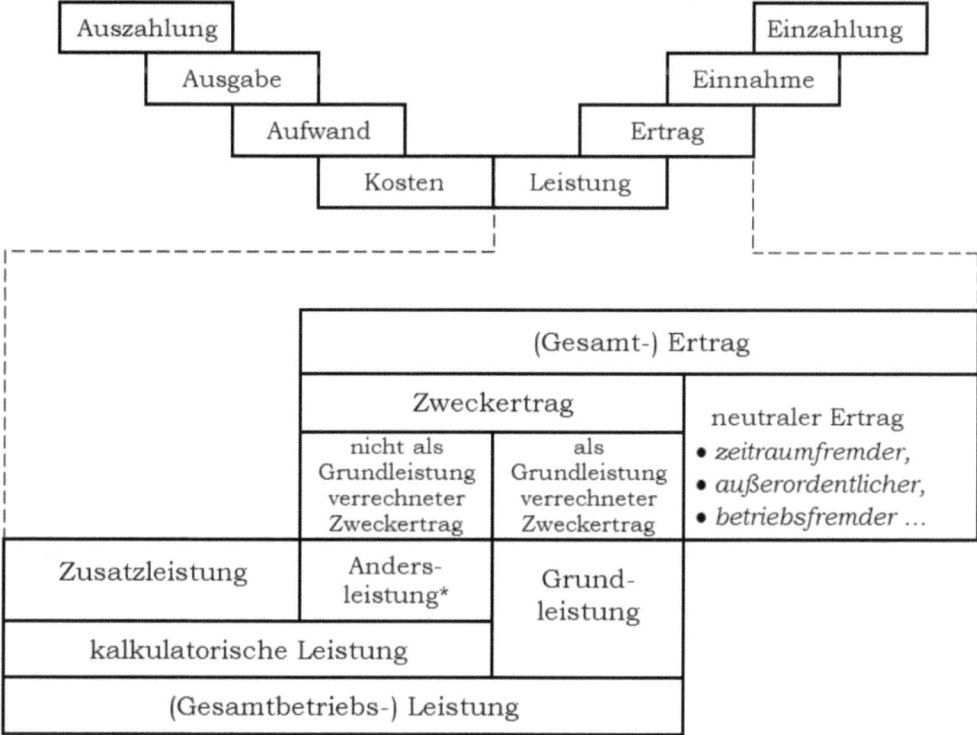

* Die Andersleistungen können größer oder kleiner als der nicht als Grundleistung verrechnete Zweckertrag sein.

Die folgenden Abschnitte gewähren einen Einblick in die Unterscheidung zwischen

- ERTRAG - EINE DEZIDIERTE BETRACHTUNG UND
- LEISTUNG - EINE DEZIDIERTE BETRACHTUNG.

ERTRAG - EINE DEZIDIERTE BETRACHTUNG

Innerhalb des (Gesamt-)Ertrags wird abgegrenzt, ob es sich handelt um:

- NEUTRALER AUFWAND UND
- ZWECKAUFWAND.

NEUTRALER ERTRAG

Ein **neutraler Ertrag** ist ein Ertrag, der nicht aus dem betriebstypischen Leistungserstellungs- und -verwertungsprozess entsteht, sondern eine Vermehrung des Bestands an `Geldvermögen´ darstellt, der nicht betriebstypisch ist. Es existieren folgende Formen für einen neutralen Ertrag

- ZEITRAUMFREMDER AUFWAND,
- AUßERORDENTLICHER ERTRAG UND
- BETRIEBSFREMDER ERTRAG.

ZEITRAUMFREMDER ERTRAG

Zeitraumfremder Ertrag ist ein Ertrag, der zwar betriebsbedingt ist, jedoch abrechnungstechnisch in einen anderen Betrachtungszeitraum gehört wie beispielsweise eine Steuererstattung.

AUßERORDENTLICHER ERTRAG

Von einem **außerordentlichen Ertrag** wird gesprochen, wenn der Ertrag zwar betriebsbedingt ist, jedoch nach Art und/ oder Höhe so außergewöhnlich, dass er nicht als Leistung erfasst werden darf, da durch ihn sonst die Ergebnisse der Leistungsrechnung an Aussagekraft verlieren würden wie beispielsweise der Verkauf eines Anlageguts über dem Buchwert.

BETRIEBSFREMDER ERTRAG

Ein **betriebsfremder Ertrag** ist ein Ertrag, der in keinem Zusammenhang mit der (eigentlichen) betriebstypischen Leistungserstellung- und -verwertung steht wie beispielsweise Spekulationsgewinne aus nicht zum betriebsnotwendigen Vermögen gehörenden Wertpapieren oder Erträge aus dem Verkauf von Unternehmensbereichen.

Zweckertrag

Der **Zweckertrag** ist der betriebsbezogene, ordentliche, zeitraumgerechte Ertrag, der differenziert wird in

- ZWECKERTRAG ALS GRUNDLEISTUNG UND
- ZWECKERTRAG ALS ANDERSLEISTUNG.

Zweckertrag als Grundleistung

Der Zweckertrag ist der Ertrag, der unverändert in die Leistungsrechnung übernommen werden kann; er ist der Teil des Zweckertrags, der als Grundleistung bezeichnet wird. **Grundleistungen** sind sämtliche betriebstypischen, ordentlichen, zeitraumgerechten Erträge, somit ertragsgleiche Leistungen.

Zweckertrag als Andersleistung

Der Ertrag, der zur zielorientierten Ausrichtung der Leistungsrechnung verändert in diese übernommen wird, ist der Teil des Zweckertrags, der als Ertrag in anderer Höhe in der Leistungsrechnung erfasst wird, als er in der Finanzbuchhaltung angesetzt wurde. Der Unterschied der Wertansätze liegt in den unterschiedlichen Zielen der Finanzbuchhaltung einerseits und der Kosten- und Leistungsrechnung andererseits.

Diese **Andersleistungen** sind diejenigen betriebstypischen, ordentlichen, zeitraumgerechten Erträge, die eine Werteentstehung dokumentieren, jedoch in der Leistungsrechnung in anderer Höhe erfasst werden, als dies aufgrund gesetzlicher Bestimmungen in der Finanzbuchhaltung zu erfolgen hat; sie sind somit ertragsungleiche Leistungen.

LEISTUNG - EINE DEZIDIERTE BETRACHTUNG

Die **Leistungen** eines Unternehmens, die in der Leistungsrechnung ermittelt werden, unterscheiden sich nach

- GRUNDLEISTUNGEN UND
- KALKULATORISCHE LEISTUNGEN.

GRUNDLEISTUNGEN

Grundleistungen sind Leistungen, die ertragsgleich sind, das heißt der in der Finanzbuchhaltung ermittelte Ertrag (Zweckertrag) wird äquivalent in die Leistungsrechnung übernommen; sie sind die als Leistung verrechneten Zweckerträge.

KALKULATORISCHE LEISTUNGEN

Kalkulatorische Leistungen sind die durch einen wertmäßigen Ansatz an Leistungen veranlassten Werte, die so gewählt werden, dass sie für eine zielorientierte Kosten- und Leistungsrechnung für managementorientierte Entscheidungen zweckmäßig erscheinen. Leistungen, die entweder nicht in ihrer wertmäßigen Ausprägung oder überhaupt nicht als Ertrag erfasst werden, werden unterteilt in

- ANDERSLEISTUNGEN UND
- ZUSATZLEISTUNGEN.

ANDERSLEISTUNGEN

Andersleistungen sind Leistungen, die eine Werteentstehung dokumentieren, die in der Finanzbuchhaltung jedoch aufgrund gesetzlicher Bestimmungen in anderer Höhe erfasst werden, als dies für eine Kosten- und Leistungsrechnung zweckmäßig erscheint, wie beispielsweise die Ermittlung der Herstellkosten für Zwischen- und Endleistungen am Lager unter Berücksichtigung von Marktpreisen.

ZUSATZLEISTUNGEN

Zusatzleistungen sind Leistungen, die einen betriebstypischen Wertzuwachs darstellen, der jedoch in der Finanzbuchhaltung überhaupt nicht erfasst wird, das heißt sie haben in der Finanzbuchhaltung keine Entsprechung und werden ausschließlich in der Leistungsrechnung berücksichtigt. Zusatzleistungen werden eigens für die Zwecke der Leistungsrechnung ermittelt, um eine reale Entstehung von Gütern exakt und gleichmäßig zu erfassen wie beispielsweise die Leistungen selbsterstellten Know-hows (Patente).

8.3 Abgrenzungsrechnung (neutrale Ergebnisrechnung)

Abbildung 103 - Aufgaben, Vorgehensweise und Instrumente der Abgrenzungsrechnung

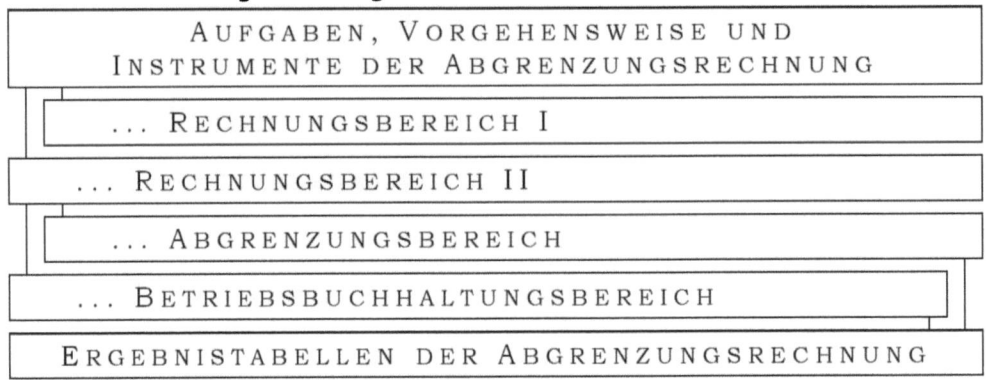

Die **Abgrenzungsrechnung** – auch als neutrale Ergebnisrechnung bezeichnet – ist eine notwendige Vorstufe zur Kosten- und Leistungsrechnung. Sie stellt das Bindeglied zwischen dem extern orientierten Teil des Rechnungswesens – der Finanzbuchhaltung – und dem intern orientierten Teil des Rechnungswesens – der Betriebsbuchhaltung – dar. Das Gesamtergebnis des Unternehmens im Finanzbuchhaltungsbereich wird in der Gewinn- und Verlustrechnung in Form eines Kontos ermittelt, bei dem die gesamten Aufwendungen auf der Sollseite und die gesamten Erträge auf der Habenseite des Gewinn- und Verlustkontos zu finden sind.

Um das Betriebsergebnis zu erhalten, filtert die Abgrenzungsrechnung aus dem in der Finanzbuchhaltung ermittelten Gesamtergebnis das neutrale Ergebnis als Differenz zwischen neutralen Erträgen und neutralen Aufwendungen heraus. Diese Filterfunktion der Abgrenzungsrechnung wird verdeutlicht durch die Einführung zweier Rechnungsbereiche, dem

- RECHNUNGSBEREICH I UND
- RECHNUNGSBEREICH II.

RECHNUNGSBEREICH I

Im **Rechnungsbereich I** finden sämtliche betrieblichen Aufwendungen und Erträge Berücksichtigung, die während eines Betrachtungszeitraums in einem Unternehmen anfallen, unabhängig davon, ob es sich um betriebliche oder neutrale Größen handelt. Dieser Rechnungsbereich entspricht der Finanzbuchhaltung und erstellt als Ergebnis den Gesamterfolg des Unternehmens.

RECHNUNGSBEREICH II

Im **Rechnungsbereich II** findet die Differenzierung des Gesamtergebnisses statt im

- ABGRENZUNGSBEREICH UND
- BETRIEBSBUCHHALTUNGSBEREICH.

ABGRENZUNGSBEREICH

Im **Abgrenzungsbereich** wird die Abgrenzungsrechnung durchgeführt. In der **Abgrenzungsrechnung** werden in einem ersten Selektionsschritt sämtliche neutrale Aufwendungen den neutralen Erträgen gegenübergestellt, um das **neutrale Ergebnis** als Abgrenzungsergebnis zu bestimmen.

BETRIEBSBUCHHALTUNGSBEREICH

Im **Betriebsbuchhaltungsbereich** erfolgt die Betriebsergebnisrechnung. Die **Betriebsergebnisrechnung** beziehungsweise **Kosten- und Leistungsrechnung** ermittelt das **Betriebsergebnis** als Differenz zwischen Erlösen beziehungsweise Leistungen und Kosten.

ERGEBNISTABELLEN DER ABGRENZUNGSRECHNUNG

Die Ergebnisse der Rechnungsbereiche I und II werden in Tabellenform ermittelt. Ein Überblick der **Ergebnistabellen der Rechnungsbereiche** I und II wird in der nachfolgenden Abbildung gegeben.

Um eine Ermittlung des Gesamt-, neutralen und Betriebsergebnisses vorzunehmen, ist aus dem Gewinn- und Verlustkonto eine Ergebnistabelle in Bezug auf den Rechnungsbereich I zu erstellen. Der Rechnungsbereich II wird im Bereich der Betriebsergebnisrechnung (Kosten- und Leistungsrechnung) in der Praxis aufgrund einer besseren Übersichtlichkeit nicht in Kontenform, sondern in tabellarischer Form als sog. **Betriebsabrechnungsbogen (BAB)** außerhalb des Rechnungsbereichs I und gemeinsam mit der Abgrenzungsrechnung in tabellarischer Form im Rechnungsbereich II durchgeführt. Diesen Sachverhalt verdeutlicht die folgende Abbildung.

Abbildung 104 - Herleitung der Ergebnistabellen zur Abgrenzungsrechnung – grobe Einteilung der Rechnungsbereiche I und II

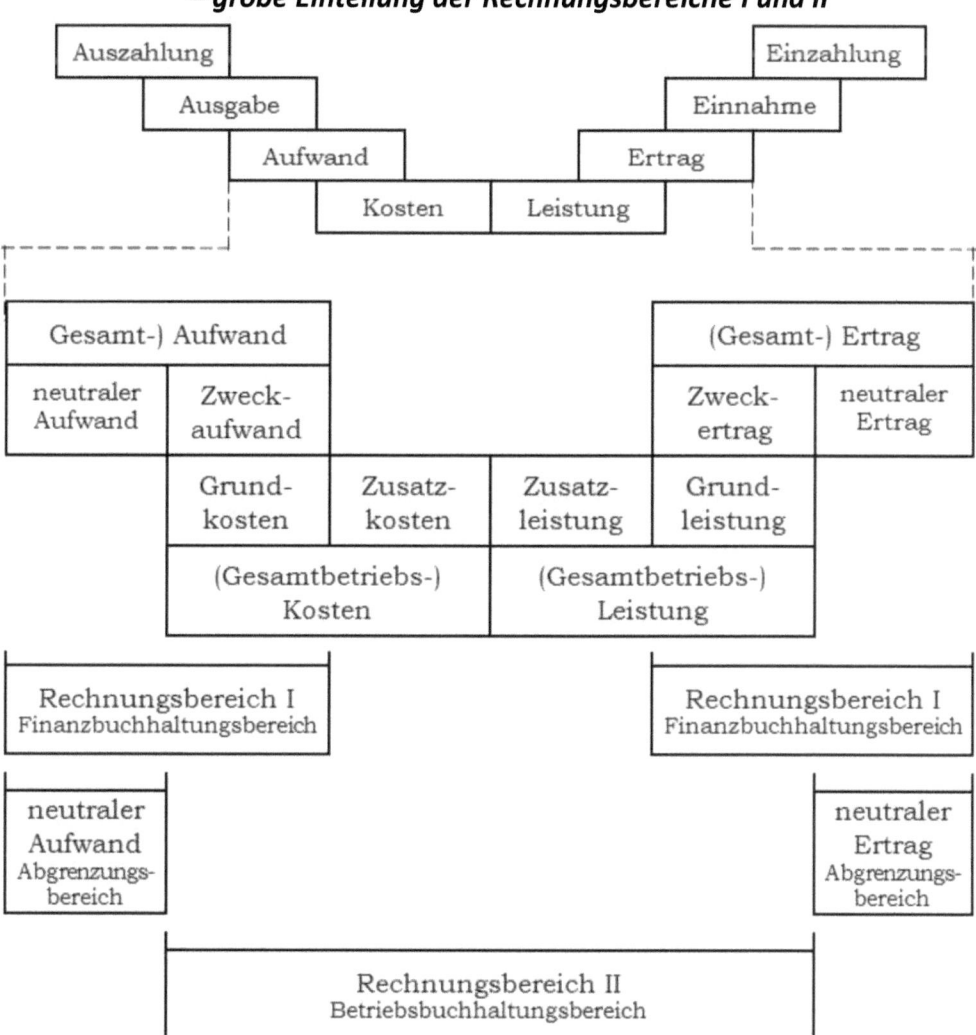

*Abbildung 105 - Ergebnistabelle der Abgrenzungsrechnung
– grobe Einteilung der Rechnungsbereiche I und II*

Rechnungsbereich I		Rechnungsbereich II			
Finanzbuchhaltungsbereich - *Erfolgsrechnung* -		Abgrenzungsbereich - *Abgrenzungsrechnung* - *neutrale Abgrenzung*		Betriebsbuchhaltungsbereich - *Betriebsergebnisrechnung* -	
sämtliche Aufwendungen	sämtliche Erträge	neutrale Aufwendungen	neutrale Erträge	Kosten	Leistungen
Gesamtergebnis	=	neutrales Ergebnis	+	Betriebsergebnis	

8.4 Systeme der Kostenrechnung

Abbildung 106 - Merkmale von Kostenrechnungssystemen

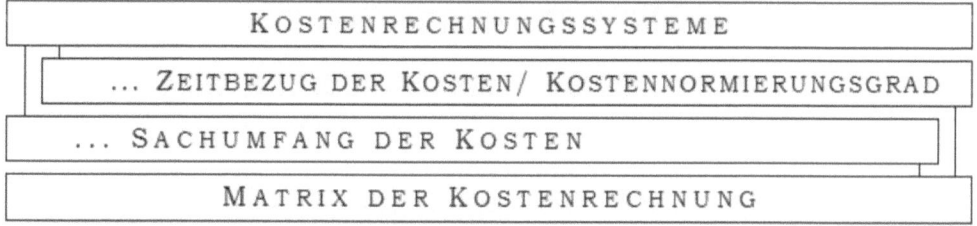

Um die verschiedenartigen Aufgaben der Kostenrechnung zu erfüllen, können unterschiedliche Kostenrechnungssysteme herangezogen werden. **Kostenrechnungssysteme** werden als eine geordnete Gesamtheit von aufeinander abgestimmten Kostenrechnungen verstanden. Sie werden durch zwei Merkmale beschrieben, dem

- ZEITBEZUG DER KOSTEN UND
- SACHUMFANG DER KOSTEN.

ZEITBEZUG DER KOSTEN

Nach dem **Zeitbezug der Kosten** werden unterschieden

- Istkosten,
- Normalkosten sowie
- Plankosten.

Istkosten sind vergangenheitsbezogene Kosten, betriebstypische Werteverzehre zurückliegender Betrachtungszeiträume,

Normalkosten sind Durchschnittskosten, die aufgrund von gegenwartsorientierten Istkosten oder aufgrund oszellierender Istkosten als arithmetisches Mittel gebildet werden,

Plankosten sind zukunftsbezogene Kosten, betriebstypische Werteverzehre folgender Betrachtungszeiträume.

Dementsprechend werden die zugehörigen Kostenrechnungen als Ist-, Normal- und Plankostenrechnung bezeichnet.

SACHUMFANG DER KOSTEN

Nach dem **Sachumfang der Kosten** wird unterschieden, ob alle oder nur Teile der in dem Betrachtungszeitraum angefallenen Kosten Gegenstand der Verrechnung sind. Die zugehörigen Kostenrechnungen werden bezeichnet als

- Fehler! Verweisquelle konnte nicht gefunden werden.**en** und
- **Teilkostenrechnungen**.

Das Kennzeichen von **Vollkostenrechnungen** besteht darin, dass sämtliche Kosten eines Zeitraums erfasst und weiterverrechnet, insbesondere der einzelnen Leistung des Unternehmens zugerechnet werden.

Demgegenüber zeichnen sich **Teilkostenrechnungen** dadurch aus, dass zwar alle Kosten eines Zeitraums erfasst, aber nur ausgewählte Teile nachfolgend weiterverrechnet werden. Bei diesem Teil der Kosten handelt es sich um die für den jeweiligen Zweck, der mit der Kostenrechnung verfolgt wird, relevanten Kosten.

Die Bezeichnung Teilkostenrechnung darf aber nicht zu der Annahme führen, dass eine solche Kostenrechnung zur Reduktion der insgesamt in einem Betrachtungszeitraum zu berücksichtigenden Kosten führt oder führen könnte. Es werden lediglich aus der Weiterverrechnung der Kosten diejenigen herausgelassen, die für den jeweils verfolgten Kostenrechnungszweck als nicht entscheidungsrelevant betrachtet werden. Dies sind i.d.R. beschäftigungsunabhängige, fixe Kosten.

Matrix der Kostenrechnung

In der nachfolgenden Abbildung sind die sechs denkbaren Kostenrechnungssysteme dargestellt, wobei für fünf dieser Kostenrechnungssysteme in Theorie und Praxis entwickelte Ausprägungsformen angegeben sind. Das sechste Feld der Matrix ist unbesetzt, da eine Normalkostenrechnung als Teilkostenrechnung zwar theoretisch denkbar, für die betriebliche Praxis aber weitgehend ohne Bedeutung ist.

Abbildung 107 - Matrix der Kostenrechnungssysteme

Istkostenrechnung	Zeitbezug Normalkostenrechnung	Plankostenrechnung
Sachumfang: Vollkostenrechnung		
traditionelle Kostenrechnung	Rechnungen mit durchschnittlichen Kosten	• starre Plankostenrechnung • flexible Plankostenrechnung auf Vollkostenbasis
Sachumfang: Teilkostenrechnung		
• einstufiges Direct Costing, • mehrstufiges Direct Costing • Riebel´sche Rechnung mit relativen Einzelkosten und Deckungsbeiträgen		• flexible Plankostenrechnung auf Teilkostenbasis • Grenzplankostenrechnung

Im Folgenden wird im Rahmen einer Einführung in die Betriebswirtschaftslehre schwerpunktmäßig auf die **traditionelle Kostenrechnung** eingegangen, da sich ausgehend von dieser weitere Varianten ableiten lassen.

8.5 Stufen der Kostenrechnung

Abbildung 108 - Schematische Darstellung der abrechnungstechnischen Beziehungen innerhalb des Triumvirats der Kostenrechnung

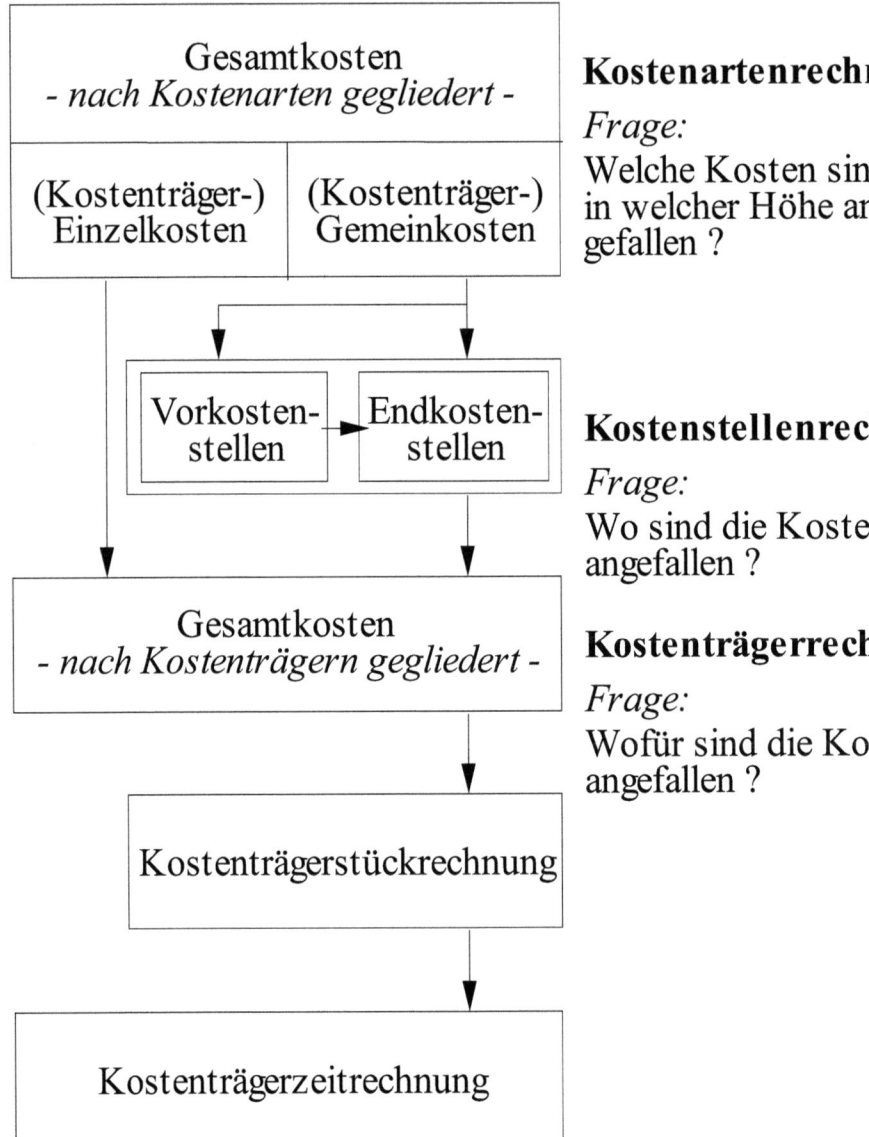

Die traditionelle Kostenrechnung vollzieht sich in drei aufeinanderfolgenden Stufen: dem **Triumvirat der Kostenrechnung**.

Das **Prinzip der Kostenrechnung** besteht darin, sämtliche Kosten eines Betrachtungszeitraums den einzelnen Leistungen eines Unternehmens zuzurechnen. Die Kosten der einzelnen Leistungen werden bestimmt, indem zunächst die Kostenträger-Einzelkosten ermittelt und anschließend die Kostenträger-Gemeinkosten über sog. **Kalkulationssätze** indirekt zugerechnet werden. Diese Vorgehensweise der traditionellen Kostenrechnung wird auch als die **Durchrechnung** oder **Kostenüberwälzung** bezeichnet.

Die abrechnungstechnischen Beziehungen der Kostenarten-, Kostenstellen- und Kostenträgerrechnung stellt die vorstehende Abbildung schematisch dar.

Die einzelnen Komponenten des Triumvirats der Kostenrechnung sind die

- KOSTENARTENRECHNUNG,
- KOSTENSTELLENRECHNUNG UND
- KOSTENTRÄGERRECHNUNG.

KOSTENARTENRECHNUNG

Die **Kostenartenrechnung** beantwortet die Frage: ´Welche Kosten sind in welcher Höhe angefallen?´ Sie dient der systematischen und vollständigen Erfassung und Einteilung der Kosten in einem Betrachtungszeitraum, die zum Zwecke der Erstellung und Verwertung der betrieblichen Leistung angefallen sind.

KOSTENSTELLENRECHNUNG

Bei der **Kostenstellenrechnung** geht es um die Frage: ´Wo sind die Kosten angefallen?´ Eine genaue Bezeichnung der Kostenausprägung und der Kostenhöhe ist notwendig, um eine genaue Verrechnung der Kosten auf die Bereiche vorzunehmen, wo sie entstanden sind.

Die Verrechnung der Kosten auf die Bereiche, die sie veranlasst haben, gilt allerdings nur für solche Kosten, die sich den Kostenträgern in Form der einzelnen Leistungen des Unternehmens nicht direkt zurechnen lassen. Kosten, die den Kostenträgern direkt zurechenbar sind, werden als **Kostenträger-Einzelkosten** bezeichnet; diejenigen Kosten, die in der Kostenrechnung auf unterschiedliche Bereiche beziehungsweise Kostenstellen zugeordnet werden, werden als **Kostenträger-Gemeinkosten** bezeichnet.

Kostenträgerrechnung

Die **Kostenträgerrechnung** geht auf die Frage ein: `Wofür sind die Kosten in welcher Höhe angefallen?´ Die Beantwortung dieser Frage führt zu dem Ergebnis der Kosten(träger)-Stückrechnung. Ihre Aufgabe besteht darin, den einzelnen Kostenträgern diejenigen Kosten zuzurechnen, die durch ihre Erstellung und gegebenenfalls Verwertung veranlasst worden sind.

8.6 Kostenartenrechnung

Abbildung 109 - Kostenartenrechnung - Aufgaben und Instrumente

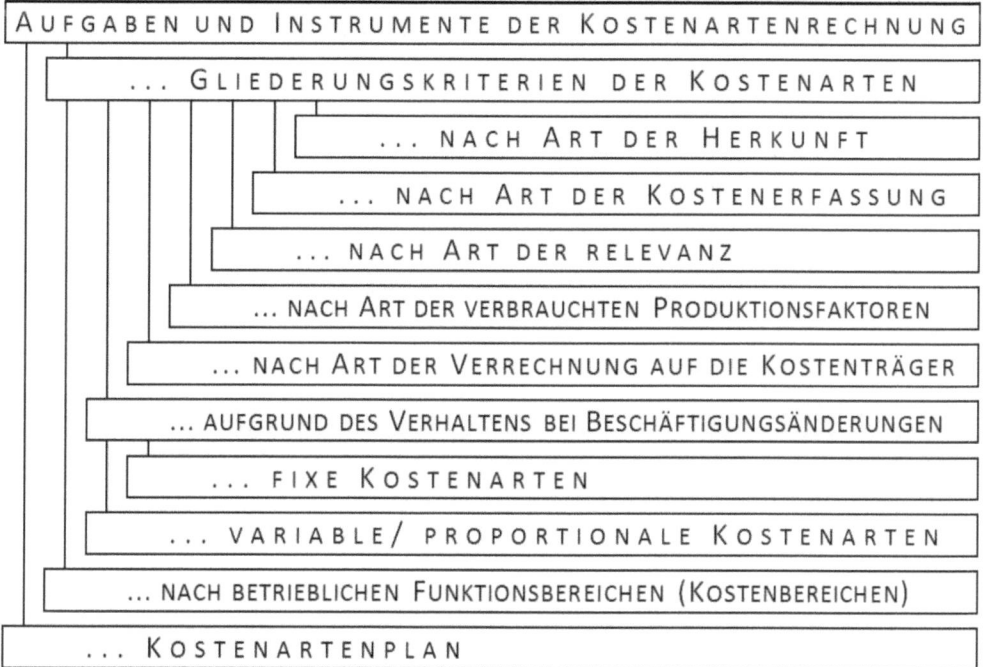

Als **Aufgabe der Kostenartenrechnung** ist die Beantwortung der Frage zu sehen: Welche Kosten sind in welcher Höhe im Unternehmen angefallen?

Eine **Kostenart** ist eine Gruppierung von Kosten, unter der alle Kosten mit bestimmten gleichen Merkmalen zusammengefasst werden.

Die systematische **Gliederung der Kostenarten** muss sowohl die einfache Erfassung der Kosten als auch eine weitere Verwendung der Kosten zur Kostenstellenrechnung und Kostenträgerrechnung ermöglichen. Die Kostenarten müssen entsprechend den Zielen der Kostenrechnung ausgerichtet sein. Zur Lösung der Aufgabe der Kostenartenrechnung sind zwei Kriterien zu beachten

- die **Erfassungsorientierung der Kostenarten**, das heißt die lückenlose Erfassung der in einem Betrachtungszeitraum angefallenen Kosten be-

züglich ihrer mengen- und wertmäßigen Komponenten (nicht der Leistungen!) sowie
- die **Verwendungsorientierung der Kostenarten**, das heißt die systematische Gliederung für Zwecke der Weiterverrechnung auf die Kostenstellen und Kostenträger.

Die lückenlose Erfassung der Kosten eines Unternehmens während eines Betrachtungszeitraums erfolgt einerseits durch die Übernahme der Grundkosten aus der Finanzbuchhaltung unter Zuhilfenahme von Informationen aus der Lohn- und Gehalts-, Material- sowie Anlagenabrechnungen und andererseits durch die Hinzunahme der zu berücksichtigenden kalkulatorischen Kosten.

Die systematische Gliederung der Arten von Kosten erfolgt nach bestimmten

- GLIEDERUNGSKRITERIEN DER KOSTENARTEN UND
- KOSTENARTENPLAN.

Gliederungskriterien der Kostenarten

Als **Gliederungskriterien von Kostenarten** kommen nach den unterschiedlichen Aufgaben der Kosten- und Leistungsrechnung folgende Einteilungsmöglichkeiten zum Ansatz

- nach Art der Herkunft,
- nach Art der Kostenerfassung,
- nach Art der Relevanz,
- nach Art der verbrauchten Produktionsfaktoren,
- nach Art der Verrechnung auf Kostenträger,
- aufgrund des Verhaltens bei Beschäftigungsänderungen und
- nach betrieblichen Funktionsbereichen (Kostenbereichen).

nach Art der Herkunft

Dieses Kriterium zielt bei der Kostenart anteilig darauf ab, ob die Güter innerhalb eines Betrachtungszeitraums selbst erstellt wurden oder von außerhalb des Abrechnungsbereichs bezogen wurden. Diese Unterscheidung führt zur Einteilung der Kostenarten in

- **primäre Kosten**, die durch Güter in Form von Sach- und/ oder Dienstgütern veranlasst wurden, die von aussen in den Abrechnungsbereich eingebracht wurden – sie sind gewissermassen originäre Einsatzgüter – und
- **sekundäre Kosten**, die innerhalb eines Betrachtungszeitraums selbst erstellt und wieder eingesetzt wurden – sie sind gewissermaßen derivate Einsatzgüter beziehungsweise innerbetriebliche Leistungen.

NACH ART DER KOSTENERFASSUNG

Kostenarten werden abgegrenzt bezüglich der Merkmale, ob es sich dabei handelt um

- AUFWANDSGLEICHE KOSTEN (ZWECKAUFWAND) ODER UM
- KALKULATORISCHE KOSTEN.

NACH ART DER RELEVANZ

Unter **relevanten Kosten** werden entscheidungsabhängige Kosten verstanden. Diese Kosten sind veranlasst durch Entscheidungen über den bewerteten Verzehr von Gütern in Form von Sach- und/ oder Dienstleistungen.[6] Diese Unterscheidung ist für die kostenmäßige Beurteilung einer Aktivität bedeutsam, da hierbei beispielsweise über beschäftigungsabhängige Kosten kurzfristig entschieden werden kann.

Sind Kosten nicht kurzfristig durch eine bestimmte Entscheidung beeinflussbar, so werden diese als **irrelevante** beziehungsweise entscheidungsneutrale **Kosten** bezeichnet.

NACH ART DER VERBRAUCHTEN PRODUKTIONSFAKTOREN

Der **Verbrauchscharakter von Kostenarten** ist gegeben, wenn sie aufgrund unternehmerischer Entscheidungen veranlasst wurden, somit ein willentlicher Verbrauch von Gütern in Form von Sach- oder Dienstleistungen[7] vorliegt. Demgegenüber besteht ein Zwangsverbrauch von Gütern im Fall einer ungewollten Vernichtung beziehungsweise höhere oder staatliche Gewalt. Dies führt zu einer Einteilung in Materialkosten, Personalkosten, Dienstgüterkosten sowie neutrale Aufwendungen, die in der Abgrenzungsrechnung von den Kosten zu unterscheiden sind.

---

[6] Vgl. zu `Sachleistungen´ und `Dienstleistungen´ Kapitel 1.3 in Band 1 dieser Reihe.
[7] Vgl. zu `Sachleistungen´ und `Dienstleistungen´ Kapitel 1.3 in Band 1 dieser Reihe.

NACH ART DER VERRECHNUNG AUF KOSTENTRÄGER

Die auf verfahrenstechnischen Aspekten beruhende Gliederung differenziert die Kosten als

- **Einzelkosten**: Als Einzelkosten gelten jene Kosten, die nach dem Veranlassungsprinzip einem Objekt beispielsweise einem Auftrag, einem Profit-Center, einem Kostenträger als sogenannte **Kostenträger-Einzelkosten** oder einer Kostenstelle als sogenannte **Kostenstellen-Einzelkosten** oder eines anderen konkreten Objekts direkt zugerechnet werden können. Der Begriff Einzelkosten ist ein relativer Begriff, der nicht nur in Bezug auf Kostenträger bezogen wird, sondern auf sämtliche kostenmäßig interessierende Objekte ausgelegt wird;
- **Gemeinkosten**: Gemeinkosten sind Kosten, die für mehr als ein Objekt gemeinsam entstehen und lediglich über Zwischenrechnungen zu- ordenbar sind. Differenziert wird zwischen
  - den **unechten Gemeinkosten** – sie werden aus Gründen der Wirtschaftlichkeit nicht gesondert als Einzelkosten erfasst, obwohl dies prinzipiell möglich wäre – und
  - den **echten Gemeinkosten** – sie können auch bei Anwendung genauester, aufwendigster Erfassungsmethoden nicht gesondert für einzelne Objekte erfasst werden.
- **Sondereinzelkosten**, die aufgrund ihres verfahrenstechnischen Einsatzes gesondert berücksichtigt werden.

AUFGRUND DES VERHALTENS BEI BESCHÄFTIGUNGSÄNDERUNGEN

Die **Beschäftigung** ist die tatsächliche oder geplante Leistungsmenge des Unternehmens(bereichs) während eines Betrachtungszeitraums. Unterschieden wird zwischen

- FIXE KOSTENARTEN UND
- VARIABLE/PROPORTIONALE KOSTENARTEN.

FIXE KOSTENARTEN

Die Ausprägung von **fixen Kosten** ist unabhängig von Veränderungen einer bestimmten Kosteneinflussgröße. Das Merkmal `fix´ ist in diesem Zusammenhang kostengrößenbezogen festgelegt. Kosteneinflussgrößen sind beispielsweise die Beschäftigung, die Auftragsgröße oder die Kapazitätsauslastung.

Allgemein kann die folgende Funktion für die Determinanten der Kostenhöhe eines Unternehmens angegeben werden.

$K = f(X_1, X_2, X_3, ..., X_n)$

K = Höhe der Kosten im Betrachtungszeitraum

X_n = Kosteneinflussgrößen

In der Praxis sind meistens – ohne dies ausdrücklich anzugeben – beschäftigungsfixe Kosten gemeint. Diese auch als **Bereitschaftskosten** zu bezeichnenden Kosten fallen **leistungs*un*abhängig** an. Beeinflussen lassen sich beschäftigungsfixe Kosten auf mittel- und langfristiger Perspektive nur durch den Auf- oder Abbau der Kapazität und/ oder der Betriebsbereitschaft. Die Veränderung der Kapazität ist in der Regel nur in bestimmten Abständen und zu bestimmten Zeitpunkten möglich. Diese `Sprünge´ sind abhängig vom vertraglichen Bedingungsrahmen der Kapazitäten.

VARIABLE / PROPORTIONALE KOSTENARTEN

Im Gegensatz zu den fixen Kosten ändert sich die Ausprägung der **variablen Kosten** mit jeder Veränderung der betrachteten Kosteneinflussgröße. Die Veränderung kann sowohl proportional, über- oder unterproportional mit der Auslastung der Kapazitäten und/ oder der Betriebsbereitschaft des Unternehmens erfolgen. Vereinfachend wird den meisten Kostenrechnungssystemen ein proportionaler Verlauf beschäftigungsvariabler Kosten unterstellt.

Die Proportionalität von Kosten beschreibt demzufolge einen Spezialfall der variablen Kosten. Werden Aussagen über variable Kosten gemacht, ist zur begrifflichen Klarstellung stets die Kosteneinflussgrösse zu nennen. Wenn in der Praxis von variablen Kosten gesprochen wird, sind zumeist beschäftigungsvariable Kosten gemeint. Diese werden auch als **Leistungskosten** bezeichnet und fallen **leistungsabhängig** an.

NACH BETRIEBLICHEN FUNKTIONSBEREICHEN (KOSTENBEREICHEN)

Die Kostenarten werden differenziert aufgrund der Bereiche/ Kostenstellen, durch die sie veranlasst wurden. Dies führt zu einer Differenzierung in Leistungsbeschaffungskosten, -erstellungskosten, -verwertungskosten, -verwaltungskosten sowie weitere Bereiche beziehungsweise Kostenstellen.

KOSTENARTENPLAN

Ein **Kostenartenplan** ist ein übersichtlicher und systematischer Katalog aller in einem Unternehmen auftretenden Arten von Kosten. Er enthält ein oder mehrere Kriterien, nach denen die angefallenen Kosten gegliedert werden. Für die betriebliche Praxis ist die Kostenartengliederung zu wählen, die eine geeignete Grundlage für die Rechnungsziele der Kostenrechnung liefert. Er muss zweck- und unternehmensadäquat sein.

Ein Kostenartenplan kann beispielsweise im Rahmen des **Industriekontenrahmens** oder des **Gemeinschaftskontenrahmens** erstellt werden.

Die Struktur von Kostenartenplänen ist stets auf die oft sehr speziellen Informationsbedürfnisse der einzelnen Entscheidungsträger im Unternehmen auszurichten. Eine durchgängige Systematisierung der Kostenarten nach einem einzigen Kriterium wird häufig dadurch unmöglich.

8.7 Kostenstellenrechnung

8.7.1 Aufgaben der Kostenstellenrechnung

Abbildung 110 - Kostenstellenrechnung

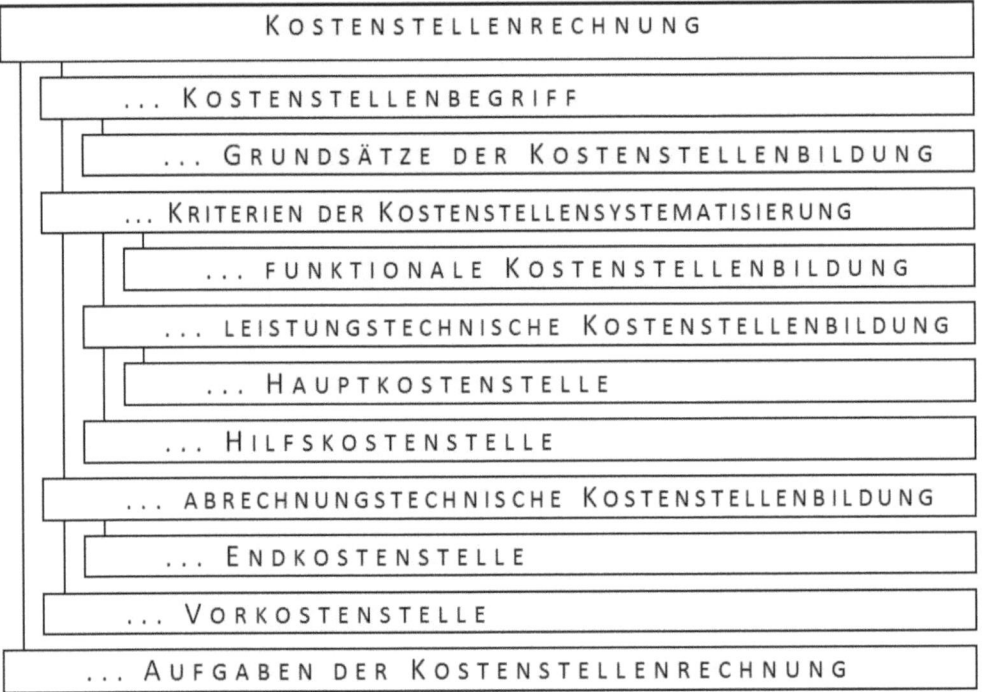

Die **Aufgabe der Kostenstellenrechnung** ist in der Beantwortung der Frage zu sehen: Wo sind welche Kosten in welcher Höhe angefallen?

Die **Kostenstellenrechnung** ist das Bindeglied zwischen der Kostenarten- und der Kostenträgerrechnung, das heißt ohne Kostenstellenrechnung ist keine Verrechnung der Kostenträger-Gemeinkosten auf die Kalkulationsobjekte (Kostenträger) möglich. Durch die Kostenstellenrechnung erfolgt eine Verrechnung der Kosten, die nicht direkt auf die Kostenträger zugerechnet werden können auf funktionale Teilbereiche, von denen sie veranlasst worden sind.

Im Folgenden werden erläutert

- KOSTENSTELLENBEGRIFF UND
- AUFGABEN DER KOSTENSTELLENRECHNUNG.

KOSTENSTELLENBEGRIFF

Eine **Kostenstelle** ist ein betrieblicher Teilbereich, der kostenrechnerisch selbständig abgerechnet wird, das heißt eine Kostenstelle kann je nach Zweckmässigkeitserwartungen eine Maschine, einen Arbeitsplatz, eine Gruppe von Arbeitsplätzen, eine ganze Abteilung oder einen Unternehmensbereich umfassen. Bezüglich der Bildung von Kostenstellen sind zu nennen die

- GRUNDSÄTZE DER KOSTENSTELLENBILDUNG UND
- KRITERIEN DER KOSTENSTELLENSYSTEMATISIERUNG.

GRUNDSÄTZE DER KOSTENSTELLENBILDUNG

Als Grundsätze der Kostenstellenbildung sind aufzustellen

- jede Kostenstelle muss ein selbständiger Verantwortungsbereich sein, um eine wirksame Kostenkontrolle durchführen zu können;
- jede Kostenstelle muss eine räumliche Einheit bilden, um Kompetenzüberschneidungen zu vermeiden;
- für jede Kostenstelle sollten möglichst genaue Maßgrößen der Kostenveranlassung (Kostenschlüssel, Bezugsgröße) existieren;
- für jede Kostenstelle sollen die Kostenbelege einfach und genau auf diese zuzurechnen sein.

Dies führt zu der Forderung, dass die Verrechnung der Kostenarten auf die Kostenstellen einfach und genau zu gewährleisten ist. Die Zurechnung der Kosten, die direkt auf die Kostenstellen zu verrechnen sind (**Kostenstellen-Einzelkosten**), ist unproblematisch, da für diese keine Schlüsselung notwendig ist; aber je detaillierter die Kostenstelleneinteilung gewählt wird, desto weniger Kosten lassen sich als Kostenstellen-Einzelkosten zurechnen, desto aufwendiger ist die Abrechnung der Kostenarten auf die Kostenstellen und desto größer ist die Abhängigkeit der Verteilung der Kosten von der Wahl der 'richtigen' Kostenschlüssel. Innerhalb der Kostenstellenrechnung besteht ein **Optimierungsproblem**: je detaillierter die Einteilung der Kostenstellen sind, desto genauer ist der Informationsgehalt je Kostenstelle, während der (Arbeits-)Aufwand für die Verrechnung der Kosten auf die einzelnen Kostenstellen steigt.

Kriterien der Kostenstellensystematisierung

Die Bildung von Kostenstellen ist unternehmensindividuell von der Größe, dem Leistungsprogramm und dem strukturellen Aufbau des Unternehmens abhängig. Sie kann nach unterschiedlichen Kriterien eingeteilt werden in eine

- Funktionale Kostenstellenbildung,
- Leistungstechnische Kostenstellenbildung und
- Abrechnungstechnische Kostenstellenbildung.

Funktionale Kostenstellenbildung

Die funktionale Bildung von Kostenstellen führt zu einer in der Praxis häufig anzutreffenden Einteilung hinsichtlich ihrer Funktionen im Leistungserstellungsprozess wie beispielsweise Material-, Leistungserstellungs-, Verwaltungs- und Verwertungsstellen, allgemeine Kostenstellen, Forschungs- und Entwicklungs- sowie Konstruktionsstellen.

Leistungstechnische Kostenstellenbildung

Die leistungstechnische Kostenstelleneinteilung führt zur Aufgliederung in

- Hauptkostenstelle und
- Hilfskostenstelle.

Hauptkostenstelle

Hauptkostenstellen führen die Erstellungen der Leistungen *unmittelbar* an den zum typischen Leistungsprogramm gehörenden Gütern durch.

Hilfskostenstelle

Hilfskostenstellen dienen nur *mittelbar* der eigentlichen betriebstypischen Leistungserstellung an verwertbaren (End-)Leistungen wie beispielsweise allgemeine Kostenstellen, die Materialkostenstellen, die Verwaltungs- oder die Verwertungskostenstellen.

Abrechnungstechnische Kostenstellenbildung

Werden Kostenstellen nach abrechnungstechnischen Kriterien gebildet, so lassen sie sich untergliedern in

- Endkostenstelle und
- Vorkostenstelle.

Endkostenstelle

Endkostenstellen sind Kostenstellen, deren Kosten *unmittelbar* auf die Kostenträger verrechnet werden wie beispielsweise die Material-, die Leistungserstellungs-, die Verwaltungs- und die Verwertungskostenstelle.

Vorkostenstelle

Vorkostenstellen sind Kostenstellen, deren Kosten im Rahmen der Kostenstellenrechnung auf andere (Vor- beziehungsweise End-)Kostenstellen verrechnet werden wie beispielsweise die allgemeinen Kostenstellen oder Hilfsstellen der Leistungserstellung.

Aufgaben der Kostenstellenrechnung

Die **Aufgaben der Kostenstellenrechnung** sind in folgenden Punkten zu sehen

- Verteilung der Gemeinkosten auf Kostenträger:
  Die Kostenstellenrechnung gewährleistet, die Kostenträger-Gemeinkosten in geeigneter Weise auf die Kostenträger zu verteilen,
- Kontrolle der Kostenstelle sowie die Bestimmung deren Wirtschaftlichkeit durch einen Soll-Ist-Vergleich:
  Durch die Verteilung der Kosten auf die einzelnen Kostenstellen kann nachvollzogen werden, wo die Kosten angefallen sind, wer sie zu verantworten hat und wo sie zu beeinflussen sind. Durch das Aufstellen von Sollgrößen(-kosten) ist eine Überprüfung der Wirtschaftlichkeit jeder einzelnen Kostenstelle möglich.
- Erhöhung der Genauigkeit der Kalkulation:
  Durch die indirekte Weiterverrechnung der Kostenträger-Gemeinkosten auf die Kostenträger ist die unterschiedliche Belastung jeder einzelnen Kostenstelle durch die verschiedenen Kostenträger feststellbar.
- Gewinnung entscheidungsrelevanter Informationen für einzelne Kostenstellen und/ oder Betriebsbereiche:
  Die Kostenstellenrechnung erstellt Informationen, mit denen über die Existenz einer Kostenstelle entschieden werden kann.
- Kostenplanung:
  Durch das Aufstellen von Sollgrößen(-kosten) bezüglich jeder Kostenstelle im Hinblick auf jede einzelne Kostenart ist es möglich, Kostenstellen Zielgrößen vorzugeben.
- Bewertung von Zwischen- und Endleistungen:
  Die Kostenstellenrechnung ermöglicht, im Rahmen einer Bestandsbewertung die im Leistungserstellungsprozess sich befindenden Güter (Zwischenleistungen) sowie die Endleistungen veranlassungsgerecht zu bewerten.

8.7.2 Instrumente der Kostenstellenrechnung

Abbildung 111 - Kostenstellenrechnungsinstrumente

Als Instrumente der Kostenstellenrechnung lassen sich nennen

- KONTEN ALS HILFSMITTEL DER KOSTENSTELLENRECHNUNG UND
- BETRIEBSABRECHNUNGSBOGEN (BAB) ALS HILFSMITTEL DER KOSTENSTELLENRECHNUNG.

Konten als Hilfsmittel der Kostenstellenrechnung

Mit zunehmendem Einsatz der elektronischen Datenverarbeitung ist es möglich, die Unmengen von Konten, die zur Kostenstellenrechnung für jede Kostenstelle zu bilden sind, zu beherrschen. Jedoch ist die kontenmässige Kostenstellenrechnung zu unübersichtlich, als dass sie bisher weitere Verbreitung in der Praxis gefunden hätte.

Betriebsabrechnungsbogen (BAB) als Hilfsmittel der Kostenstellenrechnung

Das in der Praxis gebräuchlichste Instrument der Kostenstellenrechnung ist der **Betriebsabrechnungsbogen (BAB)**. Der Betriebsabrechnungsbogen ist eine Tabelle, bei der

- zeilenweise (horizontal) die Kostenarten genannt werden und
- spaltenweise (vertikal) die Kostenstellen aufgeführt sind.

Der Betriebsabrechnungsbogen kann monatlich, fallweise sowie jährlich aufgestellt werden.

Abbildung 112 - Grundstruktur eines Betriebsabrechnungsbogens (BAB)

Kostenarten \ Kostenstellen	Vorkostenstellen	Endkostenstellen
primäre Gemeinkosten	1. Verteilung der primären Gemeinkosten auf die Kostenstellen nach dem Veranlassungsprinzip	
sekundäre Gemeinkosten	2. Durchführung der innerbetrieblichen Leistungsverrechnung	
		Verteilung der Summen der primären und sekundären Gemeinkosten auf die (End-)Kostenstellen
		3. Bildung von Kalkulationssätzen für die Endkostenstellen
		4. Kontrolle der Kosten unter Zuhilfenahme der Normalkosten (Ermittlung von Über- und Unterdeckungen)

Als **Aufgaben des Betriebsabrechnungsbogens** sind zu nennen

- VERTEILUNG DER PRIMÄREN GEMEINKOSTEN AUF DIE KOSTENSTELLEN,
- INNERBETRIEBLICHE LEISTUNGSVERRECHNUNG,
- ERMITTLUNG VON KALKULATIONSSÄTZEN UND
- KONTROLLE DER KOSTEN.

Verteilung der primären Gemeinkosten auf die Kostenstellen

Die **primären (Kostenstellen-)Gemeinkosten** sind die Kostenträgergemeinkosten, die direkt aus der Kostenartenrechnung in die Kostenstellenrechnung übernommen und auf alle Vor- und Endkostenstellen unter Zuhilfenahme von Bezugsgrößen verteilt werden (erste Verteilung der Gemeinkosten).

Die Gemeinkosten lassen sich direkt aus dem Kosten- und Leistungsrechnungsbereich des Rechnungsbereichs II übernehmen. **Bezugsgrößen** sind Maßgrößen der Kostenveranlassung, die eine funktionale Beziehung zwischen der Leistung einer Kostenstelle, den Kostenträgern und den Kosten aufzeigen.

Das Ziel der Verteilung der primären Gemeinkosten auf die Kostenstellen ist die veranlassungsgerechte Zuordnung der Kostenarten-Gemeinkosten auf die Kostenstellen. Diese veranlassungsgerechte Verteilung der Gemeinkosten kann vorgenommen werden als

- Direkte Verteilung oder
- Indirekte Verteilung.

Direkte Verteilung

Die **direkte Verteilung** beschreibt den Fall, dass sich die primären Gemeinkosten direkt auf die Kostenstelle als sogenannte **Kostenstellen-Einzelkosten** verteilen lassen. Bezugsgrößen lassen sich hier aus den erstellten Leistungseinheiten ableiten oder werden während der Leistungserstellung erfasst. Diese erfolgt durch Kostenartenbelege, die einen Hinweis auf die verbrauchende Kostenstelle enthalten wie beispielsweise bei Abschreibungen, Materialverbrauch oder Fertigungshilfslöhnen.

Indirekte Verteilung

Bei der **indirekten Verteilung** lassen sich die primären Gemeinkosten ausschließlich über eine Schlüsselung auf die Kostenstellen als sogenannte **Kostenstellen-Gemeinkosten** verteilen. Eine indirekte Verteilung liegt vor, wenn die **Kostenartenbelege** keinen Aufschluss über die verbrauchende Kostenstelle geben wie beispielsweise bei Mieten, freiwilligen Sozialleistungen, Versicherungsbeiträgen, Steuern, Strom-, Kleinmaterial oder Telefonkosten.

An dieser Stelle soll an die Unterscheidung zwischen Teil- und Vollkostenrechnung angeknüpft werden, die auf die Betrachtung von entscheidungsabhängigen (relevanten) und kurzfristig nicht beeinflussbaren (irrelevanten) Kosten abstellte. Kostenstellenkosten bedürfen zur detaillierten Betrachtung einer Aufteilung der Kosten in relevante, meist beschaffungsabhängige Komponenten (variable Bestandteile der Kosten) und irrelevante, meist beschaffungsunabhängige Komponenten (fixe Bestandteile der Kosten). Während sich für variable Kosten häufig ein proportionaler Zusammenhang zu einer Bezugsgröße finden lässt, ist dies für fixe Kosten nicht der Fall.

Innerbetriebliche Leistungsverrechnung

Im Anschluss an die Verteilung der Gemeinkosten aufgrund von Belegen oder nach Verteilungsschlüsseln auf die Kostenstellen schließt sich die **innerbetriebliche Leistungsverrechnung** an (zweite Umlage der Gemeinkosten).

Die Aufgabe der innerbetrieblichen Leistungsverrechnung besteht in einer zweiten Verrechnung der summarisch ermittelten (Kostenstellen-)Gemeinkosten je Vorkostenstelle als sogenannte sekundäre Gemeinkosten auf die Vor- und/ oder Endkostenstellen.

Das Ziel der innerbetrieblichen Leistungsverrechnung ist, eine Zuordnung der Kosten auf die Kostenstellen vorzunehmen, die dem Veranlassungsprinzip gerecht wird und ermöglicht:

- eine aussagefähige Kostenkontrolle der Kostenstelle,
- eine genaue (Kostenträgerstück- und -zeit-)Kalkulation und
- rational fundierte Entscheidungen durch die Bereitstellung entscheidungsrelevanter Kosteninformationen.

Im Anschluss an die innerbetriebliche Leistungsverrechnung werden die Gemeinkosten je Endkostenstelle ermittelt, um sie für den nächsten Schritt im **Betriebsabrechnungsbogen**, die Bildung von Kalkulationssätzen für eine spätere Kostenträger-Kalkulation nutzen zu können.

Als Verfahren der innerbetrieblichen Leistungsverrechnung sollen hier prinzipiell genannt werden

- Anbauverfahren,
- Stufenleiterverfahren und
- Gleichungsverfahren.

Anbauverfahren

Anwendungsvoraussetzung für das **Anbauverfahren** ist, dass zwischen den verschiedenen Vorkostenstellen kein Leistungsaustausch existiert, so dass sich im Ergebnis die innerbetriebliche Leistungsverrechnung auf die Überwälzung der Kosten von den Vor- ausschließlich auf die Endkostenstellen beschränkt. Der Kostensatz der Anbaumethode wird dadurch ermittelt, dass die in den Vorkostenstellen ermittelten primären Gemeinkosten auf die abgegebenen Leistungen an die Endkostenstelle bezogen und die Endkostenstellen mit ihrem empfangenen Anteil belastet werden.

Kritisch kann angemerkt werden, dass das Verfahren den innerbetrieblichen Leistungsaustausch zwischen den Vorkostenstellen völlig vernachlässigt und somit zu höheren Verrechnungssätzen gelangt als bei den folgenden Verfahren.

Stufenleiterverfahren

Die Anwendungsvoraussetzungen des **Stufenleiterverfahrens** (auch **Stufenumlageverfahren**) sind, dass die Vorkostenstellen sich derart in eine Reihenfolge (Hierarchie) bringen lassen, dass sie Leistungen nur von vorgelagerten Kostenstellen empfangen und Leistungen nur an nachgelagerte Kostenstellen abgeben, so dass im Rahmen der innerbetrieblichen Leistungsverrechnung kein wechselseitiger Leistungsaustausch der Vorkostenstellen berücksichtigt wird.

Die **Stufenleitermethode** beginnt die Verrechnung der sekundären Gemeinkosten bei der Vorkostenstelle, die möglichst nur Leistungen an andere Vor- und Endkostenstellen abgibt, aber keine oder nur geringe Leistungen ihrerseits empfängt; als nächste Kostenstelle wird die Vorkostenstelle abgerechnet, die im ersten Schritt bereits mit allen von anderen Vorkostenstellen erhaltenden Leistungen belastet worden ist. Das Verfahren wird analog weitergeführt, bis sämtliche sekundäre Gemeinkosten von den Vor- auf die Endkostenstellen verteilt (umgelegt) worden sind. Besteht ein wechselseitiger Leistungsaustausch, so wird zuerst die Kostenstelle mit den geringsten Gemeinkosten umgelegt.

Gleichungsverfahren

Wird das **Gleichungsverfahren** verwendet, so werden sämtliche Leistungsaustausche innerhalb der Vorkostenstellen berücksichtigt.

Mit der Aufstellung eines linearen Gleichungssystems, in dem die Mengen der innerbetrieblichen Leistungen als bekannte, die gesuchten Verrechnungspreise als unbekannte Größen eingehen, liefert die Gleichungsmethode eine bestimmte Anzahl von mathematisch lösbaren Gleichungen. Bei wenigen Gleichungen ist die Lösung durch das Additions- oder Einsetzungsverfahren manuell möglich, jedoch bei einer größeren Anzahl von Gleichungen muss die Matrizenrechnung angewendet werden.

Ermittlung von Kalkulationssätzen

Um die in den (End-)Kostenstellen ermittelten Gemeinkosten pro Kostenstelle auf die Kostenträger (Kalkulationsobjekt) anteilig verrechnen zu können, werden als Hilfsmittel sog. Kalkulationssätze gebildet (eine dritte Umlage der Gemeinkosten).

Kalkulationssätze ergeben sich, wenn der Summe der Gemeinkosten der Endkostenstellen Maßgrößen in Bezug gesetzt werden, von denen angenommen werden kann, dass sie sich zu den in einer Kostenstelle ermittelten Kosten proportional verhalten. Für jede Kostenstelle wird angenommen, dass sich eine oder mehrere für sie typische Bezugsgrundlage ermitteln lässt, auf die die Gemeinkosten der Endkostenstelle bezogen werden können. Der Kalkulationssatz lautet allgemein

$$Kalkulationssatz = \frac{Gemeinkosten(\text{-}anteil)}{Bezugsgröße}$$

Die Bezugsgrößen (Maßgrößen der Kostenveranlassung), von der die Kosten einer Endkostenstelle als proportional erachtet werden, können sowohl sein

- **Wertgrößen** (-schlüssel) als auch
- **Mengengrößen** (-schlüssel).

Wertschlüssel mit der Dimension Geldeinheiten sind beispielsweise Kostengrößen wie Löhne, Gehälter, Herstellkosten; Bestandswerte wie Werte des Umlaufvermögens, der Vorräte, der Anlagen; Umsatzziffern und Erfolgswerte.

Mengenschlüssel mit der Dimension Stunden, Zeit, m^2 usw. sind beispielsweise Zeitgrößen wie Fertigungs-, Rüst- und Maschinenstunden; Zählgrößen wie verbrauchte, transportierte, erstellte oder verwertete Mengen nach Zahl, Gewicht, Fläche oder Rauminhalte oder Schichtzahlen.

Im Folgenden wird auf mögliche Bezugsgrößen für einige ausgewählte Gemeinkostenstellen eingegangen, wie sie für die Kostenträgerrechnung im Zusammenhang mit der Zuschlagskalkulation verwendet werden.

Ist der Betrieb in mehrere Kostenstellen gegliedert, so werden für jede Kostenstelle unterschiedliche Kalkulationssätze durch verschiedenartige Bezugsgrößen ermittelt. Betrachtet werden der

- MATERIALBEREICH,
- LEISTUNGSERSTELLUNGSBEREICH UND
- VERWALTUNGS- UND VERWERTUNGSBEREICH.

MATERIALBEREICH

Im **Materialbereich** wird die Proportionalität zwischen den in einem Betrachtungszeitraum an jener Stelle ermittelten Gemeinkosten zu den Einzelkosten (kurz: (Fertigungs-)Material) unterstellt. Der Kalkulationssatz für den Materialbereich ergibt sich zu

$$\textit{Material-Gemeinkosten-Kalkulationszinssatz} = \frac{\textit{Material-Gemeinkosten}}{\textit{(Fertigungs-)Material-Einzelkosten}}$$

LEISTUNGSERSTELLUNGSBEREICH

Als geeignete Bezugsgrundlage für den industriellen **Leistungserstellungsbereich** werden die in einem Betrachtungszeitraum gezahlten Löhne gesehen, wobei unterstellt wird, dass die Höhe der Fertigungs-Gemeinkosten den gezahlten (Fertigungs-)Löhnen direkt proportional ist. Der Kalkulationssatz für den **lohnintensiven** Fertigungsbereich ergibt sich zu

$$\textit{Fertigungs-Gemeinkosten-Kalkulationszinssatz} = \frac{\textit{Fertigungs-Gemeinkosten}}{\textit{(Fertigungs-)Lohn-Einzelkosten}}$$

Handelt es sich um eine kapitalintensive Leistungserstellung, so werden die im Betrachtungszeitraum geleisteten **Maschinenstunden** als Bezugsgrundlage angesehen. Der Kalkulationssatz für den **kapitalintensiven** Leistungserstellungsbereich ergibt sich zu

$$\text{Fertigungs-Gemeinkosten-Kalkulationszinssatz} = \frac{\text{Fertigungs-Gemeinkosten}}{\text{Maschinenstunden}}$$

VERWALTUNGS- UND VERWERTUNGSBEREICH

Zur Ermittlung der geeigneten Bezugsgröße für den **Verwaltungs- und Verwertungsbereich** werden die Herstellkosten herangezogen. Bei der Ermittlung der Herstellkosten muss unterschieden werden, ob es sich handelt um die

- HERSTELLKOSTEN DER LEISTUNGSERSTELLUNG ODER
- HERSTELLKOSTEN DER LEISTUNGSVERWERTUNG.

HERSTELLKOSTEN DER LEISTUNGSERSTELLUNG

Die **Herstellkosten der Leistungserstellung** lassen sich wie folgt ermitteln

```
    (Fertigungs-)Material-Einzelkosten
+   (Fertigungs-)Material-Gemeinkosten
                                    Materialkosten
    (Fertigungs-)Lohn-Einzelkosten
+   (Fertigungs-)Lohn-Gemeinkosten
+   Sondereinzelkosten der Fertigung
                                    Fertigungskosten
=           Herstellkosten der Leistungserstellung
```

Für den Fall, dass die Anfangs- und Endbestände an Zwischen- und/ oder Endleistungen im Betrachtungszeitraum identisch sind, wird davon ausgegangen, dass die Verwaltungs- und Verwertungsgemeinkosten proportional der Herstellkosten der Leistungserstellung sind

$$\text{Verwaltungs-Gemeinkosten-Kalkulationszinssatz} = \frac{\text{Verwaltungs-Gemeinkosten}}{\text{Herstellkosten der Leistungserstellung}}$$

$$\text{Verwertungs-Gemeinkosten-Kalkulationszinssatz} = \frac{\text{Verwertungs-Gemeinkosten}}{\text{Herstellkosten der Leistungserstellung}}$$

Sind die Leistungsmengen der Leistungserstellung und -verwertung unterschiedlich, beziehungsweise lassen sich die Gemeinkosten der Verwaltung zu Teilen der Leistungsverwertung rechnen, so werden die entsprechenden Gemeinkosten den Herstellkosten der Leistungsverwertung in Beziehung gesetzt.

HERSTELLKOSTEN DER LEISTUNGSVERWERTUNG

Die **Herstellkosten der Leistungsverwertung** unterscheiden sich von den Herstellkosten der Leistungserstellung durch Bestandsveränderungen an Zwischen- und Endleistungen.

Für die Ermittlung der Herstellkosten der Leistungsverwertung ergibt sich

```
        Herstellkosten der Leistungserstellung
   +    Bestandsabbau an Zwischen- und/ oder Endleistungen
  ./.   Bestandsaufbau an Zwischen- und/ oder Endleistungen
   =    Herstellkosten der Leistungsverwertung              .
```

BEZUGSGRÖßE DER VERWALTUNGS- UND VERWERTUNGSKOSTEN

Welche Ausprägung der Herstellkosten als Bezugsgrundlage für den Verwaltungs- und Verwertungsbereich zum Tragen kommt, ist abhängig von dessen hauptsächlichen Aktivitäten.

Die Zuschlagsbasis für die Verwaltungs- und Verwertungskosten ist zumeist die Herstellkosten der Leistungsverwertung.

$$\text{Verwaltungs-Gemeinkosten-Kalkulationszinssatz} = \frac{\text{Verwaltungs-Gemeinkosten}}{\text{Herstellkosten der Leistungsverwertung}}$$

$$\text{Verwertungs-Gemeinkosten-Kalkulationszinssatz} = \frac{\text{Verwertungs-Gemeinkosten}}{\text{Herstellkosten der Leistungsverwertung}}$$

Kontrolle der Kosten

Für die Durchführung einer **Kosten(stellen)kontrolle** und die (Vor-)Kalkulation von **(Preis-)Angeboten**, eignet sich die Kostenrechnung auf Basis von Istwerten nicht, da diese Vergangenheitswerte repräsentieren und die Istkalkulationssätze der Endkostenstellen monatlich sowohl in Bezug auf die Gemeinkosten als auch in Bezug auf die Bezugsgrundlage schwanken.

Schwankungen der Istkostenkalkulationssätze sind zurückzuführen auf

- **Preisabweichungen** (-änderungen):
  Preisschwankungen führen bei einer Preiserhöhung (bspw. die Preise für Roh-, Hilfs- und Betriebsstoffe steigen) zu einer höheren Belastung der Kostenstellen mit Gemeinkosten und damit zu höheren Kalkulationssätzen und umgekehrt als bei konstanten Preisen.
- **fixkostenbedingte Abweichung** (sog. **Beschäftigungsabweichungen, -änderungen**):
  Die Beschäftigung eines Betriebsmittel-Potenzialfaktors (gemeint ist dabei das Leistungsvermögen eines Guts in Form von Sach- oder Dienstleistungen) kann bei einer Erhöhung des Leistungsvermögens (bspw. durch Sonderschichten) zu höheren Kostenstellen-Gemeinkosten führen und damit zu höheren Kalkulationssätzen und umgekehrt als bei konstanter Beschäftigung.
- **Verbrauchsabweichungen** (-änderungen):
  Liegt ein Mehr- oder Minderverbrauch von Gütern in Form von Sach- und Dienstleistungen vor, das heißt werden bspw. die in Stückkosten vorgegebenen zeitlichen und/ oder materiellen Vorgaben über- oder unterschritten, so führt dies zu steigenden oder fallenden Kostenstellen-Gemeinkosten und somit zu schwankenden Kalkulationssätzen.

Um die Kostenstetigkeit sowohl für die Kalkulation als auch die Kostenkontrolle zu gewährleisten, erfolgen diese zwar auf Basis von Istbezugsgrößen, jedoch nicht mit den Istkostenkalkulationssätzen, sondern mit den für zukunfts- und kontrollorientierten, über einen längeren Zeitraum fortgeschriebenen **Normalkostensätzen**, die auf Normalkosten beruhen. Die Kontrolle der Kosten erfolgt folglich durch die Zuhilfenahme der Normalkostenrechnung.

Durch die Verrechnung der Kosten mit Normalkostensätzen treten üblicherweise am Ende eines Betrachtungszeitraums Abweichungen zwischen den tatsächlich angefallenen Gemeinkosten und den verrechneten Normalkosten je Kostenstelle auf. Da die Ist- und die Normalkosten selten übereinstimmen, ergeben sich

- KOSTEN(STELLEN)ÜBERDECKUNG ODER
- KOSTEN(STELLEN)UNTERDECKUNG.

KOSTEN(STELLEN)ÜBERDECKUNG

Eine **Kostenüberdeckung** liegt vor, wenn die verrechneten Normalkosten über den Ist-Kosten liegen. Die mit Normalkostensätzen kalkulierten Selbstkosten sind höher als die wirklich entstandenen Selbstkosten, das heißt tritt eine positive Differenz zwischen Normalkosten und Istkosten auf, so wird von Kosten(stellen)überdeckung gesprochen. (Normalgemeinkosten > Ist-Kostenstellengemeinkosten). Sind die Selbstkosten mit Normalkostensätzen kalkuliert, so sind sie höher als die tatsächlich entstandenen Selbstkosten (Normal-Selbstkosten > Ist-Selbstkosten), das heißt die tatsächlich angefallenen Kosten würden durch die Kalkulation mit Normalkostenzuschlägen überkompensiert.

KOSTEN(STELLEN)UNTERDECKUNG

Eine **Kostenunterdeckung** liegt vor, wenn die verrechneten Normalkosten unter den Istkosten liegen. Die mit den Normalkostensätzen kalkulierten Selbstkosten sind niedriger als die tatsächlich entstandenen Selbstkosten, das heißt tritt eine negative Differenz zwischen Normalkosten und Istkosten auf, so wird von einer Kosten(stellen)unterdeckung gesprochen (Normalgemeinkosten < Ist-Kostenstellengemeinkosten). Sind die Selbstkosten mit Normalkostensätzen kalkuliert, so sind sie niedriger als die tatsächlich entstandenen Selbstkosten (Normal-Selbstkosten < Ist-Selbstkosten), das heißt die tatsächlich angefallenen Kosten würden durch die Kalkulation mit den Normalkostenzuschlägen nicht mehr gedeckt.

8.8 Kostenträgerrechnung

8.8.1 Aufgaben und Formen der Kostenträgerrechnung

Abbildung 113 - Kostenträgerrechnung - Aufgaben und Formen

Als allgemeine **Aufgabe der Kostenträgerrechnung** ist die Beantwortung der Frage zu sehen: Wofür sind die Kosten in welcher Höhe angefallen?

Die **Kostenträgerrechnung** ist das finale Glied in dem **Triumvirat – Kostenartenrechnung, Kostenstellenrechnung, Kostenträgerrechnung -**, durch die die Kosten den einzelnen betrieblichen Leistungen zugerechnet werden.

Im Folgenden wird erläutert

- KOSTENTRÄGERBEGRIFF,
- AUFGABEN DER KOSTENTRÄGERRECHNUNG UND
- FORMEN DER KOSTENTRÄGERRECHNUNG.

Kostenträgerbegriff

Kostenträger sind in der Regel die in einem Unternehmen erstellten Güter in Form von Sach- und/ oder Dienstleistungen[8], die das Sachziel des Betriebs darstellen und am Markt verwertet werden als auch Leistungen, die innerbetrieblich verwertet werden. Die am Markt erzielten Erlöse müssen die entstehenden Kosten tragen, das heißt die Endleistungen eines Unternehmens bilden die wichtigste Größe für die Zurechnung sowohl der Kosten (als auch der Erlöse).

Im Unternehmen existieren jedoch nicht nur Endleistungen als Träger der Kosten, sondern weitere Leistungen, die unterschiedlich klassifiziert werden können nach

- Leistungserstellungsstufen in Form von **Endleistungen** auf der finalen Leistungsstufe und **Zwischenleistungen** auf den einzelnen Leistungsstufen;
- der technischen Verbundenheit der Leistungen beziehungsweise deren Bedeutung im Leistungsprogramm des Unternehmens als `Kuppelprodukt´ in Form von **Hauptleistungen**, **Nebenleistungen** und **Rest(Abfall-)leistungen**;
- Bestimmung der Güter in Form von marktfähigen Leistungen (verwertbaren Leistungen) und **innerbetrieblichen Leistungen**;
- Güterarten in Form von materiellen Gütern und immateriellen Gütern;
- Funktionsbereichen in der Unterscheidung des indirekten Bereichs in der Form von Beschaffungs-, Verwertungs- und Verwaltungsleistungen sowie des direkten (industriellen) Bereichs als Leistungserstellung;
- den Bezugsgrößen der Kosten, das heißt den Gütermengen, denen die Kosten zugeordnet werden, als Stückmenge, Losmenge oder Periodenmenge.

---

[8] Vgl. zu `Sachleistungen´ und `Dienstleistungen´ Kapitel 1.3 in Band 1 dieser Reihe.

Aufgaben der Kostenträgerrechnung

Zu den einzelnen Aufgaben der Kostenträgerrechnung sind zu zählen

- die vollständige und veranlassungsgerechte Zuordnung sämtlicher Kosten (Einzel- und Gemeinkosten) auf die Kostenträger, so dass alle den Kostenträgern zugerechneten Kosten (volle Selbstkosten) in der Addition den Gesamtkosten entsprechen;
- die Ermittlung der Herstell- und Selbstkosten:
  - um eine Bestandsbewertung von Zwischen- und Endleistungen und die Bewertung selbsterstellter Vermögensteile vorzunehmen sowie die kurzfristige Erfolgsrechnung zu gewährleisten;
  - als Grundlage für preispolitische Entscheidungen zur Bestimmung der Preisuntergrenze, des gewinnmaximalen Preises, des Preisniveaus für neu einzuführende Leistungen sowie der Preisbestimmung bei öffentlichen Aufträgen vorzunehmen;
  - zur Gewinnung von Ausgangsdaten für nicht marktpreisbezogene Problemstellungen der Planungsrechnung in Form von Informationen für die Leistungsprogrammpolitik, die sortenmäßige Leistungszusammensetzung und -verfahrenswahl;
  - für die Wirtschaftlichkeitskontrolle in Form eines Soll-Ist-Vergleichs sowie
  - zur Erfolgsermittlung durch die Gegenüberstellung von Stückerlös abzüglich der Stückkosten zur Stückerfolgsbestimmung.

Formen der Kostenträgerrechnung

Als allgemeine Aufgabe der Kostenträgerrechnung ist die Beantwortung der Frage zu sehen: Wofür sind die Kosten in welcher Höhe angefallen?

Die Kostenträgerrechnung stellt der Unternehmensführung kostenorientiert Informationen aller im Betrieb erstellten Leistungen zur Verfügung. Die **Kostenträgerrechnung** ist das finale Glied in dem Triumvirat – Kostenartenrechnung, Kostenstellenrechnung, Kostenträgerrechnung –, durch die die Kosten den einzelnen betrieblichen Leistungen zugerechnet werden.

Als Formen der Kostenträgerrechnung lassen sich nennen die

- Kostenträgerstückrechnung und
- Kostenträgerzeitrechnung.

Kostenträgerstückrechnung

Die Aufgabe der stückbezogenen Betrachtungsweise der Kostenrechnung (**Kostenträgerstückrechnung**) besteht in der Ermittlung der Selbstkosten, da den einzelnen Leistungen des Unternehmens alle diejenigen Kosten zugerechnet werden, die sie aufgrund ihrer Erstellung und Verwertung veranlasst haben.

Die Kostenträgerstückrechnung dient zur

- Kalkulation der (Markt-)Leistungen (Gestaltung des Angebotspreises, der i.d.R. als Vollkostenrechnung auf Normalkostenbasis durchgeführt wird),
- Kalkulation der (Betriebs-)Leistungen,
- Kalkulation der innerbetrieblichen Leistungen sowie der
- Kalkulation der Rest-(Abfall-)Leistungen.

Die Kalkulation der Leistungen liefert Informationen, um die Bewertung von Zwischen- und Endleistungen, die Bewertung von selbsterstellten Vermögensteilen und preisorientierte Entscheidungen vornehmen zu können.

Die **Verfahren der Kostenträgerstückrechnung** können abgegrenzt werden aufgrund ihrer

- Abhängigkeit vom Durchführungszeitpunkt und
- Abhängigkeit vom betrieblichen Leistungserstellungsprozess.

Abhängigkeit vom Durchführungszeitpunkt

Die Einteilung der Verfahren von Kostenträgerstückrechnungen (Kalkulationen) nach dem Zeitpunkt ihrer Durchführung lässt sich vornehmen in

- die **Vorkalkulation**: Sie ist die kurzfristige, ex ante durchgeführte Auftragskalkulation, mittels der über die Annahme oder die Ablehnung zusätzlicher Aufträge entschieden wird. Sie ermittelt Angebotspreise (kostenorientierte Preisuntergrenze) auf der Basis von Normalkosten unter Zuhilfenahme von Normalkostenzuschlagssätzen;
- die **Zwischenkalkulation**: Sie ist eine (Zwischen-)Kontrollrechnung als Vergleich zwischen tatsächlich angefallenen Kosten und aufgrund der Vorkalkulation erwarteten Kosten. Sie ist besonders wichtig bei Kosten Trägern mit langer Erstellungsdauer.
- die **Nachkalkulation**: Sie ist eine (Final-)Kontrollrechnung, bei der die tatsächlichen Kosten denen in der Vorkalkulation verwendeten Normalkosten gegenübergestellt werden, um eine Kontrolle der Kosten durchzuführen.

Abhängigkeit vom betrieblichen Leistungserstellungsprozess

In Abhängigkeit vom betrieblichen Leistungserstellungsprozess können unterschiedliche Kalkulationsverfahren festgelegt werden. Aufgrund verschiedener Leistungserstellungsverfahren (Einzel-, Serien-, Sorten- und Massenfertigung) lassen sich unterschiedliche Kalkulationsverfahren in Form der Divisions-, Äquivalenzziffern- und Zuschlagskalkulation zuordnen. Auf die einzelnen Kalkulationsverfahren wird im folgenden Kapitel dezidiert eingegangen.

Abbildung 114 - Kalkulationsverfahren in Abhängigkeit vom Leistungserstellungsverfahren

Erstellung einer Einzelleistung (**Einzelfertigung**)	Erstellung einer Serienleistung (**Serienfertigung**)	Erstellung einer Sortenleistung (**Sortenfertigung**)	Erstellung einer Massenleistung (**Massenfertigung**)
Die Erstellung erfolgt in einer Einheit wie beispielsweise einzelne Teile sowie Sonderanfertigungen als auch Projekte wie Gebäude, Schiffe, Tunnel, Brücken, sowie Maschinen	Die Erstellung unterschiedlicher Leistungen in mehreren Einheiten wie beispielsweise Fahrzeuge, Elektrogeräte, Möbel	Die Erstellung sehr ähnlicher Leistungen in mehreren Einheiten wie beispielsweise in Brauereien, Ziegeleien, Druckereien, Baustoff-, Bekleidungs-, Pharma- und chemische Industrie	Die Erstellung ausschließlich einer Leistung in vielen Einheiten wie beispielsweise Gas-, Wasser-, Stromversorgung

Divisionskalkulation

	Kostenträger ist die limitierte Quantität der erstellten Serie	Kostenträger ist die limitierte Quantität der erstellten Sorte	**Kostenträger ist die erstellte einheitliche Leistung**

Äquivalenzziffernkalkulation

	Kostenträger ist die limitierte Quantität der erstellten Serie	**Kostenträger ist die limitierte Quantität der erstellten Sorte**	

Zuschlagskalkulation

Kostenträger ist die einzelne Leistung	**Kostenträger ist die einzelne Serie**	Kostenträger ist die einzelne Sorte	

| **Haupteinsatzgebiete** |
| Möglichkeit des Einsatzes besteht |
| kein Einsatz des Verfahrens |

Kostenträgerzeitrechnung

Die zeitraumbezogene Betrachtungsweise der Kostenrechnung (**Kostenträgerzeitrechnung**) schließt sich nahtlos an die Kostenträgerstückrechnung an. Sie ermittelt die in einem Betrachtungszeitraum angefallenen Kosten, getrennt nach verschiedenen Gesichtspunkten entsprechend den jeweils verfolgten Zwecken der Kostenrechnung.

Die Ermittlung der Kosten in ihrer zeitraumbezogenen Betrachtungsweise ist notwendig für die Ermittlung eines (kurzfristigen Betriebs-)Erfolgs und stellt dabei die kostenorientierte Komponente zu dessen Bestimmung dar.

Aufgrund der Wichtigkeit der Bestimmung des kurzfristigen Betriebserfolgs wird in den Kapiteln `Kurzfristige Erfolgsrechnung auf Vollkostenbasis´ und `Kurzfristige Erfolgsrechnung auf Teilkostenbasis´ auf diese eingegangen.

8.8.2 Instrumente der Kostenträgerrechnung

Abbildung 115 - Systematik von Kalkulationsverfahren

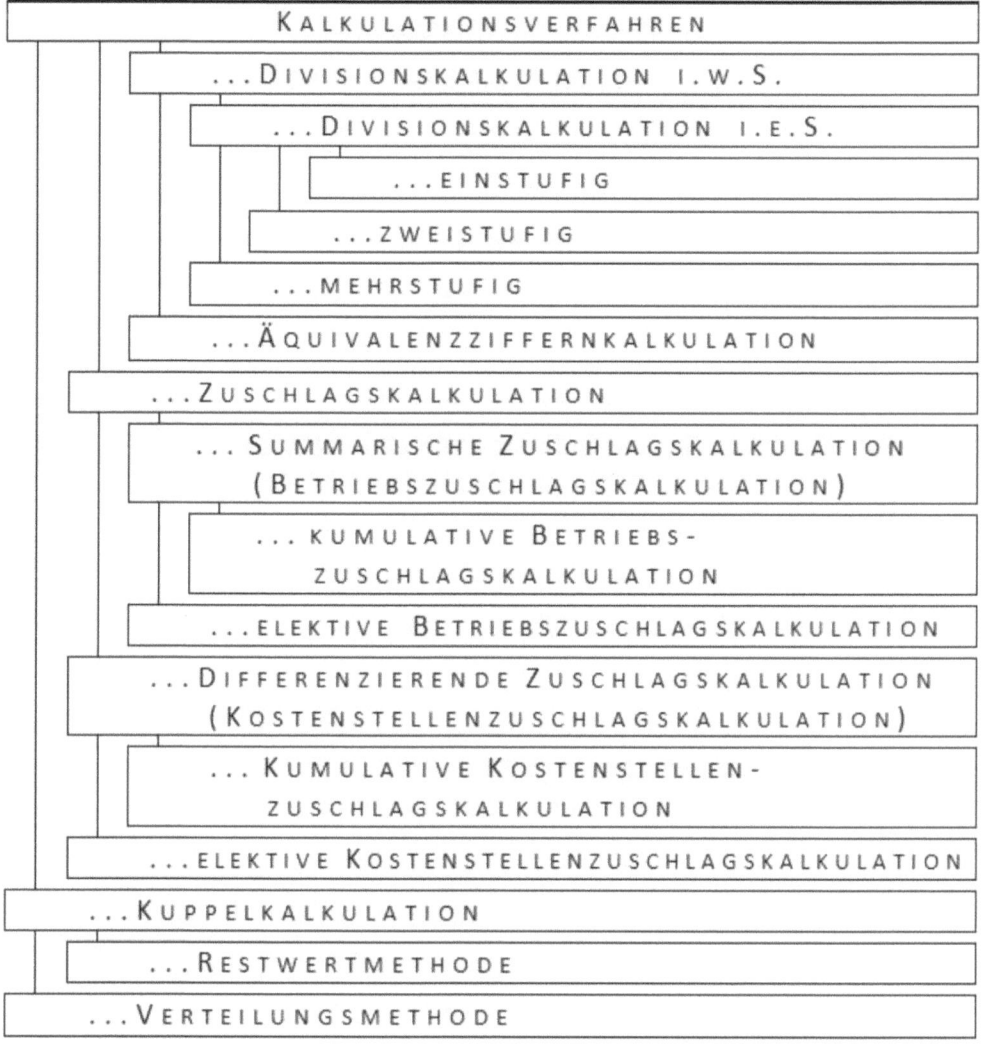

Die wesentlichsten Kalkulationsverfahren können als Istkostenrechnung, Normalkostenrechnung und Plankostenrechnung auf Voll- oder Teilkostenbasis durchgeführt werden und sind in der Abbildung systematisiert.

Die Vorgehensweise von **Kalkulationsverfahren** besteht im Rahmen der traditionellen Kostenrechnungsverfahren darin, sämtliche Kosten in einem Betrachtungszeitraum den einzelnen Leistungen des Unternehmens in diesem Zeitraum zuzurechnen (Vollkostenbasis der Kalkulationsverfahren).

Spezielle Kalkulationsverfahren für Kuppelprodukte wie sie beispielsweise in der Chemischen Industrie und der Rohölindustrie Verwendung finden, werden aufgrund ihrer geringen Bedeutung für die Praxis nicht betrachtet. Stattdessen wird eingegangen auf die

- Verfahren der Divisionskalkulation und
- Verfahren der Zuschlagskalkulation.

Verfahren der Divisionskalkulation

Die Verfahren der **Divisionskalkulation im weiteren Sinne** lassen sich einteilen in

- Äquivalenzziffernkalkulation und
- Divisionskalkulation (i.e.S.).

Äquivalenzziffernkalkulation

Die **Äquivalenzziffernkalkulation** wird bei Unternehmen mit mehreren verbundenen Leistungen (Sorten) angewendet. Während die Ausgangsgüter zur Leistungserstellung artähnlich sind, veranlassen sie bei der Leistungserstellung nicht die gleichen Kosten. Bei der Äquivalenzziffernrechnung wird davon ausgegangen, dass die Kosten der artverwandten Leistungen in einem bestimmten quantitativen Verhältnis zueinander stehen, das durch Äquivalenzziffern ausgedrückt wird. Mit den Äquivalenzziffern wird ein einheitlicher Maßstab zur Messung von Leistungsmengen verschiedenartiger Leistungen aufgestellt.

DIVISIONSKALKULATION (I.E.S.)

Die **Divisionskalkulation** ist ein typisches Kalkulationsverfahren für Unternehmen, die lediglich ein einheitliches Produkt (**Homogenität des Kostenträgers**) und dies in großen Stückzahlen erstellen (Einproduktunternehmen als **Massenfertigung**). Prinzipiell werden sämtliche im Unternehmen oder deren Teilbereiche ermittelbare Kosten durch die Anzahl der erstellten Leistungen dividiert. Die Aufteilung der Kosten in beispielsweise Einzelkosten und Gemeinkosten ist für die Divisionskalkulation nicht notwendig. Sie werden gemeinsam weiterverrechnet. Eine Kostenstellenrechnung erübrigt sich als Voraussetzung für die Kalkulation; sie bleibt jedoch sinnvoll für die Kostenkontrolle.

Entsprechend der prozessualen Stufe der Leistungserstellung wird die Divisionskalkulation differenziert in die

- EINSTUFIGE DIVISIONSKALKULATION,
- ZWEISTUFIGE DIVISIONSKALKULATION UND
- MEHRSTUFIGE DIVISIONSKALKULATION.

EINSTUFIGE DIVISIONSKALKULATION

Die **einstufige Divisionskalkulation** kann angewendet werden, wenn es sich um ein(en) Einproduktunternehmen(sbereich) mit homogenem Kostenträger oder um eine in einer großen Serie zu erstellenden Leistung handelt, bei der keine Lagerbestandsveränderungen an Zwischen- und Endleistungen auftreten und die Mengen der erstellten den Mengen der verwerteten Leistung identisch sind.

Die Ermittlung der Selbstkosten im Betrachtungszeitraum erfolgt durch

$$\text{Selbstkosten der Einzelleistung} = \frac{\text{Gesamtkosten der Leistungserstellung}}{\text{erstellte Leistungsmenge}}$$

ZWEISTUFIGE DIVISIONSKALKULATION

Die **zweistufige Divisionskalkulation** findet ihre Anwendung, wenn es sich um ein(en) Einproduktunternehmen(sbereich) handelt, das heißt ein homogener Kostenträger beziehungsweise mindestens eine (Groß-)Serienleistungserstellung vorliegt, bei der keine Lagerbestandsveränderungen von Zwischenleistungen jedoch Lagerbestandsveränderungen an Endleistungen zu berücksichtigen sind. Die verwertete Leistungsmenge entspricht nicht der erstellten Leistungsmenge.

Eine einfache Kostenstellenrechnung ist sinnvoll für die Kalkulation wie beispielsweise eine Aufteilung in Kostenbereiche; zweckmäßig ist eine Kostenstellenrechnung für die Kostenkontrolle.

Bei der zweistufigen Divisionskalkulation wird bezüglich der Kostenspaltung differenziert zwischen erstellten und verwerteten Leistungen. Die Stück-Selbstkosten werden somit als zusammengesetzte Summen zweier Divisionen ermittelt. Dabei werden die Herstellkosten auf die erstellten, die Verwaltungs- und Verwertungskosten auf die verwerteten Leistungseinheiten bezogen. Endleistungen, die auf Lager liegen, werden zu Herstellkosten der Leistungserstellung bewertet.

Die Ermittlung der Selbstkosten im Betrachtungszeitraum erfolgt durch

$$\textit{Selbstkosten der Einzelleistung} = \frac{\textit{Herstellkosten der Leistungserstellung}}{\textit{erstellte Leistungsmenge}} + \frac{\textit{Verwaltungs- und Verwertungskosten}}{\textit{erstellte Leistungsmenge}}$$

MEHRSTUFIGE DIVISIONSKALKULATION

Wenn Lagerbestandsveränderungen eines homogenen Kostenträgers sowohl bei Zwischen- als auch bei Endleistungen zu berücksichtigen sind, wenn eine Leistungserstellung in mehreren Stufen vorliegt, in denen unterschiedliche Teilmengen erstellt werden, dann findet eine **mehrstufige Divisionskalkulation** Anwendung. Zwischen den Leistungsstufen bilden sich Zwischenlager von unterschiedlicher Höhe, die in der Kalkulation Berücksichtigung finden müssen.

Eine Kostenstellenrechnung ist notwendig für die Kalkulation, um die Kosten einzelner Bereiche ermitteln zu können und für die Kostenkontrolle.

Die Ermittlung der Selbstkosten im Betrachtungszeitraum erfolgt durch

```
  Materialeinzelkosten
+ Leistungserstellungskosten für Kostenstelle 1 je Teilleistung
+ Leistungserstellungskosten für Kostenstelle 2 je Teilleistung
                          ...
+ Leistungserstellungskosten für Kostenstelle n je Teilleistung
+ Verwaltungs- und Verwertungskosten je verwerteter
                                              Leistungsmenge
────────────────────────────────────────────────────────────
= Selbstkosten der Einzelleistung
```

VERFAHREN DER ZUSCHLAGSKALKULATION

In Unternehmen mit heterogenem Leistungserstellungsprogramm lassen sich die Kalkulationsverfahren der Divisionskalkulation nicht anwenden, da sie nicht in der Lage sind, die entstandenen Kosten veranlassungsgerecht den einzelnen Kostenträgern zuzurechnen. Insbesondere bei der Erstellung von Serien- und Einzelleistungen, mit heterogener Kostenstruktur in den einzelnen Leistungsstufen und fortwährenden Lagerbestandsveränderungen bei Zwischen- und Endleistungen finden daher **Verfahren der Zuschlagskalkulation** Anwendung.

Ausgehend von der Trennung in Kostenträger-Einzelkosten und Kostenträger-Gemeinkosten können Einzelkosten den betrieblichen Leistungen direkt zugerechnet werden. Die Kostenträger-Gemeinkosten lassen sich dagegen nur mit Hilfe von Kalkulationssätzen `zuschlagen´. Voraussetzung für diese Verfahren ist die Verwendung des Betriebsabrechnungsbogens (BAB), in dem die Kalkulationssätze ermittelt werden. Entsprechend der unterschiedlichen Bestimmung von Kalkulationssätzen, mit denen sich die Gemeinkosten auf die Kostenträger zurechnen lassen, werden grundsätzlich zwei Varianten unterschieden die

- SUMMARISCHE ZUSCHLAGSKALKULATION UND
- DIFFERENZIERENDE ZUSCHLAGSKALKULATION.

SUMMARISCHE ZUSCHLAGSKALKULATION

Die Verfahren **summarischen Zuschlagskalkulation** werden auch als Verfahren der **Betriebszuschlagskalkulation** bezeichnet. Für sie ist charakteristisch, dass für ihre Anwendung lediglich die Trennung der Kosten in Kostenträger-Einzelkosten und Kostenträger-Gemeinkosten notwendig ist; eine Kostenstellenrechnung muss nicht vorhanden sein; sollte es jedoch für eine Kostenkontrolle. Zu unterscheiden ist die

- KUMULATIVE BETRIEBSZUSCHLAGSKALKULATION UND
- ELEKTIVE BETRIEBSZUSCHLAGSKALKULATION.

KUMULATIVE BETRIEBSZUSCHLAGSKALKULATION

Die kumulative Betriebszuschlagskalkulation versucht die gesamten Gemeinkosten des Betriebs mit Hilfe eines einzigen Kalkulationssatzes den Kostenträgern zuzurechnen.

Bei der **kumulativen (Betriebs-)Zuschlagskalkulation** wird lediglich ein Zuschlagssatz für die Summe der Gemeinkosten ermittelt

$$(Betriebs\text{-})Kalkulationssatz = \frac{Gemeinkosten\ des\ Betriebs}{Bezugsgröße}$$

	Einzelkosten
+	Kalkulationssatz * Bezugsgröße
=	Selbstkosten pro Einzelleistung

ELEKTIVE BETRIEBSZUSCHLAGSKALKULATION

Bei der **elektiven Betriebszuschlagskalkulation** werden mit Hilfe ausgewählter Betriebsbereiche mit diesbezüglichen Kalkulationssätzen die Gemeinkosten den Kostenträgern zugerechnet.

Bei ihr werden einzelne Gemeinkosten-Betriebsbereiche ausgewählt und mit Hilfe diesbezüglicher Kalkulationssätze den Kostenträgern zugerechnet. Das bedeutet einen Schritt in Richtung Kostenstellenrechnung.

Beide Ausprägungen der Betriebszuschlagskalkulation werden in der Regel einer auf dem Veranlassungsprinzip basierenden Kostenrechnung nicht gerecht, da eine Proportionalität zwischen einer Bezugsgröße und allen oder großen Teilen der Gemeinkosten in der Realität kaum gegeben ist.

DIFFERENZIERENDE ZUSCHLAGSKALKULATION

Die Verfahren der **differenzierenden Zuschlagskalkulation**, die auch als **Kostenstellenzuschlagskalkulationen** bezeichnet werden, setzen das Vorhandensein einer Kostenstellenrechnung voraus. Dadurch ergibt sich die Möglichkeit, für jede einzelne Kostenstelle eigene Gemeinkostenzuschlagssätze (Kalkulationssätze) zu ermitteln, was zu einer erhöhten Kalkulationsgenauigkeit gegenüber den summarischen Verfahren führt.

Das Grundschema der differenzierenden Zuschlagskalkulation ohne eine Aufgliederung in Kostenstellen zeigt die folgende Abbildung.

Abbildung 116 - Schematische Darstellung einer differenzierenden Zuschlagskalkulation

(Fertigungs-)Materialeinzelkosten	Material-kosten		
(Fertigungs-)Materialgemeinkosten			
(Fertigungs-)Lohn-Einzelkosten	Leistungs-erstel-lungs-kosten	Herstell-kosten	Selbst-kosten
(Fertigungs-)Gemeinkosten			
Sondereinzelkosten der Leistungserstellung			
Verwaltungsgemeinkosten			
Verwertungsgemeinkosten			
Sondereinzelkosten der Leistungsverwertung			

Anwendung finden in der Praxis die

- KUMULATIVE KOSTENSTELLENZUSCHLAGSKALKULATION UND
- ELEKTIVE KOSTENSTELLENZUSCHLAGSKALKULATION.

KUMULATIVE KOSTENSTELLENZUSCHLAGSKALKULATION

Die **kumulative Kostenstellenzuschlagskalkulation** betrachtet die Gemeinkosten einer Kostenstelle als homogen und sieht somit eine Proportionalität zwischen den Kostenstellen-Gemeinkosten und einer einzigen Bezugsgröße als gegeben an. Zur Verrechnung der Gemeinkosten auf die Kostenträger wird für jede Kostenstelle ein Gesamtzuschlag (kumulative) gebildet, was für jede Kostenstelle die Ermittlung einer geeigneten mengen- oder wertmäßigen Bezugsgröße erfordert. Eine differenzierte Kosten- und Bezugsgrößenanalyse wird in den einzelnen Kostenstellen nicht durchgeführt.

$$(Kostenstellen\text{-})Kalkulationssatz = \frac{Gemeinkosten\ der\ Kostenstelle}{Bezugsgröße}$$

Die Ermittlung der **Herstellkosten der Leistungserstellung** im Betrachtungszeitraum erfolgt durch

$$
\begin{array}{l}
\quad \sum_{i=1}^{n} (Fertigungs\text{-})Material\text{-}Einzelkosten_i \\
+ \sum_{i=1}^{n} \frac{Fertigungs\text{-})Material\text{-}}{Einzelkosten_i} * \sum_{i=1}^{n} \frac{Material\text{-}Gemeinkosten\text{-}}{Kalkulationszinssatz_i} \\
\hline
\hfill \underline{Materialkosten} \\[4pt]
\quad \sum_{i=1}^{m} (Fertigungs\text{-})Lohn\text{-}Einzelkosten_i \\
+ \sum_{i=1}^{m} \frac{Fertigungs\text{-})Lohn\text{-}}{Einzelkosten_i} * \sum_{i=1}^{m} \frac{Fertigungs\text{-}Gemeinkosten\text{-}}{Kalkulationszinssatz_i} \\
\underline{+ \ Sondereinzelkosten\ der\ Leistungserstellung} \\
\hfill \underline{Fertigungskosten} \\
\underline{= \ Herstellkosten\ der\ Leistungserstellung}
\end{array}
$$

Für den Fall, dass die Anfangs- und Endbestände an Zwischen- und Endleistungen identisch sind, ergibt sich für die Ermittlung der Selbstkosten

> *Herstellkosten der Leistungserstellung*
>
> $+$ *Herstellkosten der Leistungserstellung* $*$ Verwaltungs-Gemeinkosten-Kalkulationszinssatz
>
> $+$ *Herstellkosten der Leistungserstellung* $*$ Verwertungs-Gemeinkosten-Kalkulationszinssatz
>
> $+$ *Sondereinzelkosten der Leistungsverwertung*
>
> **(Stück-)Selbstkosten der Leistungserstellung**

Bei kapitalintensiven Kostenstellen des Fertigungsbereichs werden meist die Maschinenstunden als Bezugsgröße zur Ermittlung der Selbstkosten herangezogen.

ELEKTIVE KOSTENSTELLENZUSCHLAGSKALKULATION

Die **differenzierende Zuschlagskalkulation** in ihrer Ausprägung als **elektive Kostenstellenzuschlagskalkulation** betrachtet die Gemeinkosten einer Kostenstelle als heterogen und sieht für unterschiedliche Gemeinkostenbestandteile einer Kostenstelle unterschiedliche Proportionalitäten in Bezug auf unterschiedliche Bezugsgrößen als gegeben an. Diese auch als **Bezugsgrößenkalkulation** bezeichnete Rechnung findet ihre Anwendung bei mehrstufigen Leistungsprozessen mit einer heterogenen Kostenveranlassung in den einzelnen Kostenstellen, wodurch die größte Kalkulationsgenauigkeit der Verteilung der Gemeinkosten im Verhältnis zu den anderen Verfahren erreicht wird.

Die elektive Kostenstellenzuschlagskalkulation wird mit zunehmender Differenziertheit der **Bezugsgrößenhierarchie** in Bezug auf die Betriebsabrechnung und die Kalkulation der Kostenträger sehr unübersichtlich; ihren besonderen Wert erhält die Bezugsgrößenkalkulation aber durch ihre erhöhte Aussagekraft und ihre Verwendbarkeit für Entscheidungsrechnungen.

Eine differenzierte Ausgestaltung und intensive Anwendung der Bezugsgrössenkalkulation führt bei konsequenter Anwendung zur Teilkostenrechnung mit variablen Kosten.

8.9 Kurzfristige Erfolgsrechnung auf Vollkostenbasis

8.9.1 Aufgaben der Kurzfristigen Erfolgsrechnung

Neben dem Bestandteil des intern orientierten Rechnungswesens in seiner Ausprägung als Kosten- und Leistungsrechnung wurde als weiterer Bestandteil – die **Kurzfristige Erfolgsrechnung** – genannt.

Die **Aufgaben der Kurzfristigen Erfolgsrechnung** sind zu sehen in

- der laufenden Erfolgs- und Rentabilitätskontrolle, das heißt einer Erfolgsermittlung für kürzere Zeitabschnitte (Quartale, Monate, Wochen) als in der Finanzbuchhaltung ist möglich, und
- der Bereitstellung von Zahlenmaterial für Entscheidungszwecke, vor allem für den Bereich Leistungserstellung und -verwertung durch einen differenzierten Erfolgsausweis nach dessen Quellen.

Abbildung 117 - Schematische Darstellung der abrechnungstechnischen Beziehungen innerhalb des Triumvirats der Kostenrechnung sowie der Kurzfristigen Erfolgsrechnung auf Vollkostenbasis

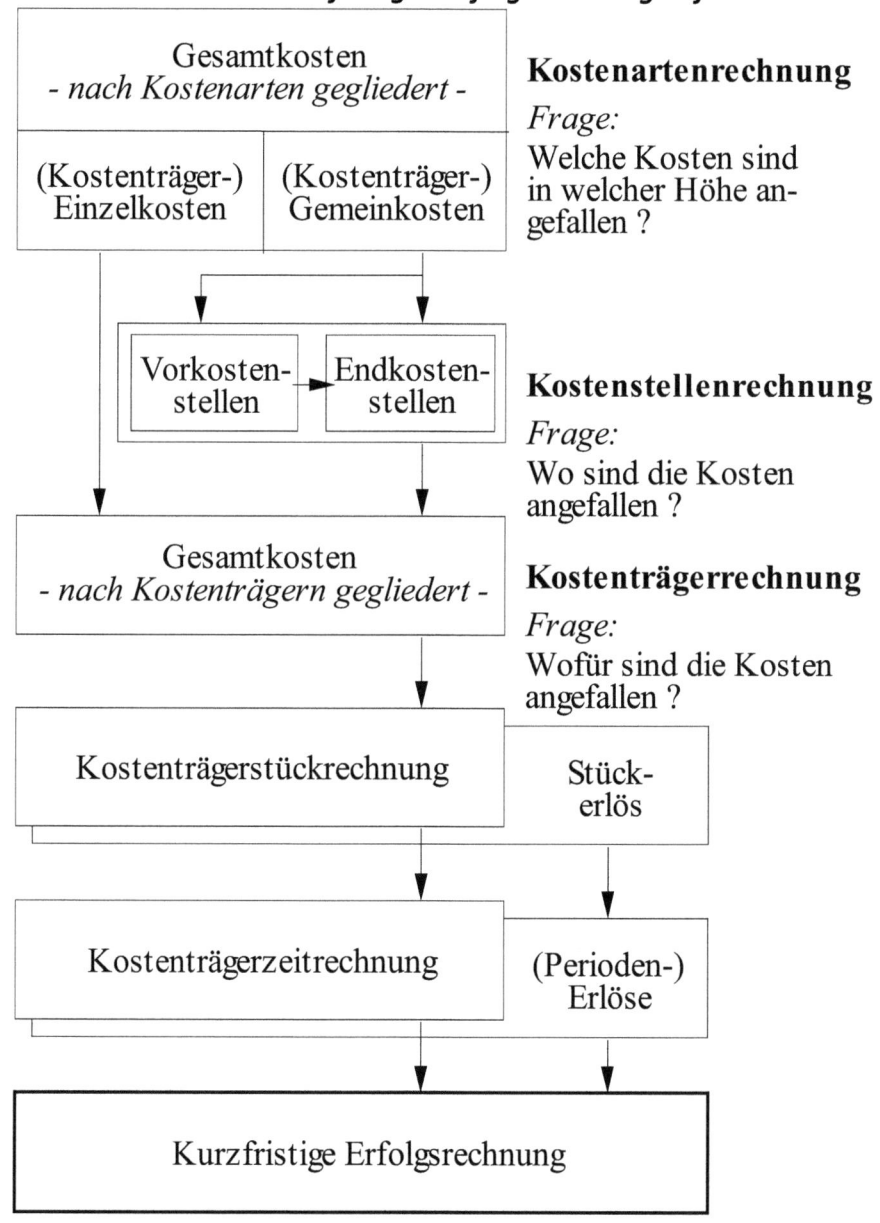

Die gesetzlich vorgeschriebene Finanzbuchhaltung liefert als Ergebnis den Jahreserfolg beziehungsweise das Unternehmensergebnis aus der Differenz zwischen (Jahres-)Erträgen und (Jahres-)Aufwendungen lediglich über einen verhältnismäßig langen Betrachtungszeitraum (Geschäftsjahr) und in sehr undifferenzierter Weise. Das **Unternehmensergebnis** ermittelt sich aus dem **Betriebsergebnis** und dem **neutralen Ergebnis**.

Die Erfolgsermittlung aus der Finanzbuchhaltung ist für Kontroll- und Lenkungsaufgaben der Unternehmensführung daher unzureichend, da das Zahlenmaterial für kurzfristige Dispositionen zu spät (am Jahresende/-mitte) verfügbar ist, ein leistungsspezifischer Erfolgsausweis nicht sichtbar wird und der Jahresabschluss keine Planwerte für eine Wirtschaftlichkeitsrechnung (Soll-Ist-Vergleich) enthält.

Aus diesem Grund wurde die Kurzfristige Erfolgsrechnung konzipiert als Verfahren zur unterjährigen meist monatlichen Feststellung des Betriebserfolgs, der sich aus der `eigentlichen´ betriebstypischen Leistungserstellung und -verwertung ergibt.

Die **Kurzfristige Erfolgsrechnung** benötigt zur Ermittlung des betriebstypischen Erfolgs nicht nur die Kosten aus der Kostenträgerzeitrechnung, sondern auch die Ergebnisse der betriebstypischen Leistungen eines Betriebs. Die Kostenträgerzeitrechnung ist somit ein Teil der Kurzfristigen Erfolgsrechnung. Die Kurzfristige Erfolgsrechnung weist insofern ausschließlich das Betriebsergebnis als Differenz zwischen Leistungen und Kosten aus.

Die abrechnungstechnischen Beziehungen innerhalb des Triumvirats der Kostenrechnung (Kostenarten-, Kostenstellen- und Kostenträgerrechnung) sowie der Kurzfristigen Erfolgsrechnung unter Berücksichtigung sämtlicher Kosten im Betrieb (Vollkosten) zeigt die vorstehende Abbildung 117.

8.9.2 Instrumente der Kurzfristigen Erfolgsrechnung

Als **Instrumente der Kurzfristigen Erfolgsrechnung** existieren zwei methodische Grundformen, die sich prinzipiell als Vor-, Zwischen- und Nachrechnung auf Voll- und Teilkostenbasis durchführen lassen

- GESAMTKOSTENVERFAHREN UND
- UMSATZKOSTENVERFAHREN.

GESAMTKOSTENVERFAHREN

Das **Gesamtkostenverfahren (GKV)** ist dadurch gekennzeichnet, dass eine Gegenüberstellung der gesamten Erlöse und Kosten, korrigiert um Bestandsänderungen an Zwischen- und Endleistungen vorgenommen wird. Die Ermittlung des Betriebsergebnisses nach dem Gesamtkostenverfahren erfolgt durch

```
   Umsatzerlöse (an Leistungsarten orientiert)
 + Bestandszunahme an Zwischen- und Endleistungen
./. Bestandsabnahme an Zwischen- und Endleistungen
 = Betriebsleistung
./. Gesamtkosten (an Kostenarten orientiert)
 = Betriebserfolg, -ergebnis
```

Da die Gesamtkosten nach Kostenarten gegliedert sind, wird das Gesamtkostenverfahren auch als **kostenartenorientierte Kurzfristige Erfolgsrechnung** bezeichnet.

Die Veränderungen der Bestände an Zwischen- und Endleistungen werden zu Herstellkosten bewertet. Liegen die Marktpreise der Endleistungen unter den Herstellkosten, so werden die niedrigeren Marktpreise dieser Leistungen als Wertansätze der Bestandsänderungen gewählt (strenges Niederstwertprinzip).

Zur Ermittlung der Herstell- und Selbstkosten ist eine Kostenstellen- und Kostenträgerrechnung erforderlich.

Da die Struktur der Erfolgsrechnung nach dem Gesamtkostenverfahren sich – bis auf kleine Abweichungen durch das neutrale Ergebnis und die kalkulatorischen Kosten – der Struktur zur Ermittlung des Jahreserfolgs in der Finanzbuchhaltung gleicht, wird dem Gesamtkostenverfahren ein abrechnungstechnischer Vorteil zugeschrieben. Somit lässt sich die Kurzfristige Erfolgsrechnung leicht in das Kontensystem eines Kontenrahmens (Industriekontenrahmen-IKR oder Gemeinschaftskontenrahmen-GKR) einpassen.[9]

Der buchungstechnische Nachteil dieses Verfahrens liegt in der Globalbetrachtung des Erfolgs; die Erlöse sind nach Leistungsarten gegliedert, die Kosten jedoch ausschließlich nach Kostenarten (Art der verzehrten Güter und Dienstleistungen), so dass ein leistungsspezifischer Erfolgsnachweis nicht möglich ist.

---

[9] Vgl. zu `Industriekontenrahmen´ und ` Gemeinschaftskontenrahmen ´ Kapitel 8.5.6 in Band 7 dieser Reihe.

Umsatzkostenverfahren

Das **Umsatzkostenverfahren (UKV)** beschreibt eine andere Vorgehensweise zur Ermittlung des kurzfristigen Erfolgs als das Gesamtkostenverfahren.

Hierbei werden den Erlösen die Kosten der umgesetzten Leistungen gegenübergestellt. Das Umsatzkostenverfahren lässt sich auf Vollkostenbasis oder auf Teilkostenbasis, durch die Aufteilung der Kosten in fixe und variable Bestandteile durchführen.

Das Betriebsergebnis nach dem **Umsatzkostenverfahren auf Vollkostenbasis** ermittelt sich nach:

```
    Umsatzerlöse (an Leistungsträgern orientiert)
./. volle Selbstkosten (an Kostenträgern orientiert)
  = Betriebserfolg, -ergebnis
```

Das Betriebsergebnis nach dem **Umsatzkostenverfahren auf Teilkostenbasis** ermittelt sich nach

```
    Umsatzerlöse (an Leistungsträgern orientiert)
./. variable Selbstkosten (an Kostenträgern orientiert)
  = Deckungsbeitrag
./. fixe Kosten
  = Betriebserfolg, -ergebnis
```

Der Betriebserfolg wird nach diesem Verfahren als Differenz zwischen den Erlösen und den Selbstkosten der umgesetzten Leistungen ermittelt. Im Gegensatz zum Gesamtkostenverfahren müssen beim Umsatzkostenverfahren für alle abgesetzte Leistungen, und nicht nur für Bestandsveränderungen, die Kosten je Leistungseinheit bestimmt werden. Demnach gehen hier die Ergebnisse der Kostenträgerstückrechnung in vollem Umfang in die Kostenträgerzeitrechnung ein.

Ein bedeutender **Vorteil des Umsatzkostenverfahrens** gegenüber dem Gesamtkostenverfahren liegt in seinem kostenträgerorientierten Aufbau. Werden im Gesamtkostenverfahren die Erlöse und Bestandsveränderungen nach Leistungsarten (Kostenträgern) und die Kosten nach Kostenarten geordnet, so werden im Umsatzkostenverfahren die Erlöse nach Leistungsträgern und die Kosten nach Kostenträgern gruppiert einander gegenübergestellt, so dass der Erfolgsbeitrag jedes einzelnen Kostenträgers als Erfolgsquelle sichtbar wird. Das Umsatzkostenverfahren stellt eine Absatzerfolgsrechnung dar!

Das Umsatzkostenverfahren macht keine Erfassung der Bestände an Zwischen- und Endleistungen erforderlich.

Bei der Verwendung voller Selbstkosten besteht bei einer Leistungserstellung auf Lager die Gefahr, dass die in der Periode anteiligen Fixkosten auf das Lager proportionalisiert werden, was ein Verstoß gegen das Veranlassungsprinzip ist und die Ergebnisse für bestimmte kostenwirtschaftliche Entscheidungen verfälscht.

In das System der doppelten Buchführung kann das Umsatzkostenverfahren nur mit einigen Schwierigkeiten eingepasst werden. Dies beruht auf der Untergliederung nach Leistungen, die in der Buchführung umfangreiche und komplizierte Verrechnungen bezüglich unterschiedlicher Wertansätze der Kosten zur Folge haben.

8.10 Kurzfristige Erfolgsrechnung auf Teilkostenbasis

8.10.1 Überblick über Teilkostenrechnungssysteme

Abbildung 118 - Systeme der Teilkostenrechnung und der Deckungsbeitragsrechnung

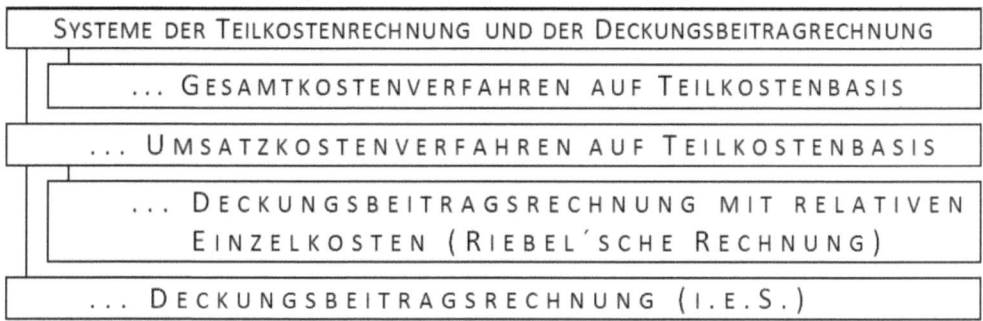

Die im vorangehenden Kapitel erläuterte Kurzfristige Erfolgsrechnung auf Umsatzkostenverfahren[10] hat ihren entscheidenden Vorteil, dass mit Hilfe dieses Verfahrens für jede einzelne Leistungsart der Beitrag zum Betriebserfolg ermittelbar ist.

Aus theoretischer Sicht weist dieses Verfahren der Kurzfristige Erfolgsrechnung jedoch schwerwiegende Nachteile auf, die darin gesehen werden, dass die gesamten Kosten entsprechend der unterjährigen Betrachtungsweise proportionalisiert werden, das heißt die Kosten werden nicht einwandfrei begründbar auf die jeweiligen Bezugsobjekte in Form von beispielsweise einzelnen Leistungsarten verteilt.

Dem Vorteil des leistungsorientierten Erfolgsausweises stehen folgende **Kritikpunkte** gegenüber:

- Es wird eine Abhängigkeit der fixen Gemeinkosten von der Beschäftigung unterstellt (Fixkostenproblematik).
  Die Vollkostenrechnung gewährleistet durch eine Fixkostenverteilung auf die Kostenträger keine strukturgleiche Abbildung der Realität durch

---

[10] Vgl. zu 'Instrumente der Kurzfristigen Erfolgsrechnung' Kapitel 8.9.2 in diesem Band der Reihe.

die Kostenrechnung, da fixe und/ oder variable Kosten aufgrund ihrer Änderung bei Beschäftigungsschwankungen (Ausbringungsmenge) sowohl konstant bleiben als sich auch ändern können.
- Die Verwendbarkeit von Vollkostenrechnungen für die Planung und Steuerung von Unternehmensprozessen ist eingeschränkt:
Die Orientierung an vollen Selbstkosten führt zu unternehmerischen Fehlentscheidungen, da die Ausrichtung von (Angebots-)Preisforderungen an vollen Selbstkosten durch die Verteilung der fixen Kosten auf die einzelnen Leistungen zu der Gefahr führt, dass bei Beschäftigungsrückgang die vollen Selbstkosten je Leistungseinheit steigen, das heißt das Unternehmen `kalkuliert sich aus dem Markt´!
- Die Verwendbarkeit von Vollkostenrechnungen für die Kontrolle von Unternehmensprozessen ist eingeschränkt:
Eine kurzfristige Kostenkontrolle ist mit der Berücksichtigung von Fixkosten nicht sinnvoll. Um Kosten kurzfristig beeinflussen zu wollen, müssen Kostenabweichungen ermittelt werden, die von den Kostenverantwortlichen beeinflussbar sind. Da Fixkosten kurzfristig nicht beeinflussbar sind, dürfen sie für kurzfristige Entscheidungen nicht mit berücksichtigt werden. Veränderungen von fixen Kosten hängen vielmehr von Investitionsentscheidungen ab.

Für kurzfristig marktorientierte Entscheidungen bildet die Vollkostenrechnung durch den Einbezug nicht kurzfristig (entscheidungs-)relevanter Kosten keine geeignete Grundlage. Für langfristige Entscheidungen stellt die Vollkostenrechnung bezüglich der Kostenkontrolle und Betriebsergebnisrechnung eine notwendige Grundlage dar.

Aufgrund dieser beschriebenen Kritikpunkte an der Kosten- und Leistungsrechnung auf Vollkostenbasis sind zwei unterschiedliche Formen der Betriebsergebnisrechnung auf Teilkostenbasis entwickelt worden.

Abbildung 119 - Verfahren der Kosten- und Leistungsrechnung auf Vollkosten- und Teilkostenbasis

Betriebsergebnisrechnung				
Gesamtkostenverfahren		Umsatzkostenverfahren		
auf Vollkostenbasis	auf Teilkostenbasis	auf Vollkostenbasis	auf Teilkostenbasis	
			einstufiges Direct Costing	Deckungsbeitragsrechnung mit relativen Einzelkosten
			mehrstufiges Direct Costing	

Entsprechend der Abbildung lassen sich die Betriebsergebnisrechnungen auf Teilkostenbasis differenzieren in das

- GESAMTKOSTENVERFAHREN AUF TEILKOSTENBASIS UND
- UMSATZKOSTENVERFAHREN AUF TEILKOSTENBASIS.

GESAMTKOSTENVERFAHREN AUF TEILKOSTENBASIS

Das **Gesamtkostenverfahren auf Teilkostenbasis** ist angelehnt an das Gesamtkostenverfahren auf Vollkostenbasis, jedoch wird eine differenzierte Betrachtung der variablen Kostenbestandteile und der fixen Kostenbestandteile vorgenommen. Hierdurch wird eine Verbesserung des Gesamtkostenverfahrens auf Vollkostenbasis erreicht, die Nachteile der Kostenartenorientierung der Kosten- und Leistungsrechnung bestehen weiterhin.

Umsatzkostenverfahren auf Teilkostenbasis

Bei den **Umsatzkostenverfahren auf Teilkostenbasis** werden – im Gegensatz zur Vollkostenrechnung – nicht alle anfallenden Kosten auf die Kostenträger verrechnet. Die auf die Kostenträger nicht verrechneten Kosten müssen in anderer Form berücksichtigt werden; sie gehen bei den Verfahren in die Betriebsergebnisrechnung ein.

Die Zusammenfassung einer auf Teilkostenbasis durchgeführten Kostenträgerrechnung und der entsprechenden Erlösrechnung wird als **Deckungsbeitragsrechnung** bezeichnet. Deckungsbeitragsrechnungen beziehen neben Kostenkomponenten auch Erlöskomponenten mit ein. Sie zählen daher zu den Verfahren der Kurzfristigen Erfolgsrechnung.

Als **Deckungsbeitragsrechnungsverfahren** lassen sich zwei sehr unterschiedliche Formen nennen

- Deckungsbeitragsrechnung mit relativen Einzelkosten (Riebel´sche Rechnung) und
- Deckungsbeitragsrechnung i.e.S..

Deckungsbeitragsrechnung mit relativen Einzelkosten (Riebel´sche Rechnung)

Die **Deckungsbeitragsrechnung mit relativen Einzelkosten** wird auch nach dem gleichnamigen Begründer als **Riebel´sche Rechnung mit relati-ven Einzelkosten** und Deckungsbeiträgen bezeichnet. Grundidee ist, dass alle Kosten einheitlich in Bezug auf das Unternehmen im Ganzen als Einzelkosten aufgefasst werden können, da sie sich diesem eindeutig und zweifelsfrei zurechnen lassen.

Wesensmerkmal dieses Ansatzes ist die Zerlegung der Kosten in Teilbeträge, die ohne Schlüsselung auf bestimmte Bezugsobjekte wie beispielsweise einer Leistungsart oder Leistungsgruppe direkt zurechenbar sind. Diesen lassen sich immer nur Teile der Kosten als Einzelkosten zurechnen. Die restlichen Kosten stellen nicht zurechenbare Gemeinkosten dar. Je weiter die Bezugsobjekte der Kostenrechnung an das finale Bezugsobjekt Unternehmen heranrücken, umso umfangreicher wird die Menge der als Einzelkosten zurechenbaren Kosten, da dem Unternehmen die Kosten als Einzelkosten zugerechnet werden können. Die Verwendung verschiedener Bezugsobjekte relativiert die Begriffe Einzelkosten und Gemeinkosten. Kosten, die in Bezug auf ein Objekt als `Gemeinkosten´ zu betrachten sind, können durchaus in Bezug auf ein anderes – hierarchisch höheres – Objekt Einzelkosten sein. Insofern wird vom **Rechnen mit relativen Einzelkosten** gesprochen.

Durch die Entscheidung der Kosten auf bestimmte Bezugsobjekte wird bei dieser Form der Kosten- und Leistungsrechnung eine willkürliche Schlüsselung oder Proportionalisierung von Kosten vermieden, da die Kosten eindeutig und zweifelsfrei auf Bezugsobjekte zugerechnet werden. Diesem Vorteil steht der Nachteil des zeitlichen Aufwands für die Durchführung der Rechnung insbesondere in der Erstellung einer Bezugsgrößenhierarchie in der Praxis entgegen, weswegen dieses Verfahren trotz seiner theoretischen Bedeutung in der Praxis nur wenig Resonanz gefunden hat.

DECKUNGSBEITRAGSRECHNUNG I.E.S.

Die Verfahren der Deckungsbeitragsrechnung führen eine konsequente Trennung von variablen und fixen Kosten durch. Der **Deckungsbeitrag** ist die Differenz zwischen den Erlösen und den variablen Kosten (**Grenzkosten**) und stellt den Bruttoertrag des Unternehmens dar.

(Umsatz-)Erlöse		Stückpreis (p)
./. variable Kosten	oder	./. variable Stückkosten (k_v)
= Deckungsbeitrag		= Stückdeckungsbeitrag (db)

Sind die Erlöse größer als die variablen Kosten, so wird der **Betriebserfolg** verbessert, das heißt mit jeder Erhöhung der Leistungserstellung und –verwertung steigt der Erfolg; sind die Erlöse kleiner als die variablen Kosten, so wird der **Betriebserfolg** verschlechtert, das heißt die Leistungserstellung und –verwertung sollte eingestellt werden; sind die Erlöse gleich den variablen Kosten, so deckt der Erlös gerade die variablen Kosten, das heißt der (Angebots-)Preis ist die Preisuntergrenze, zu der das Unternehmen am Markt kurzfristig anbieten kann.

8.10.2 Deckungsbeitragsrechnung – Umsatzkostenverfahren auf Teilkostenbasis als Direct Costing

Abbildung 120 - Deckungsbeitragsrechnung – Umsatzkostenverfahren auf Teilkostenbasis als Direct Costing

```
DECKUNGSBEITRAGSRECHNUNG – UMSATZKOSTENVERFAHREN
        AUF TEILKOSTENBASIS ALS DIRECT COSTING
    ... EINSTUFIGES DIRECT COSTING
        ... BETRIEBSERGEBNISERMITTLUNG MIT
            HILFE DES EINSTUFIGEN DIRECT COSTING
        ... ANWENDUNGSMÖGLICHKEIT DES EINSTUFIGEN DIRECT COSTING
        ... BESTIMMUNG EINES OPTIMALEN LEISTUNGSPROGRAMMS
            ... BESTIMMUNG VON FÖRDERUNGSPRÄFERENZEN
                INNERHALB EINES LEISTUNGSPROGRAMMS
            ... BESTIMMUNG DES LEISTUNGSPRO-
                GRAMMS ANHAND VON ENGPÄSSEN
        ... GEWINNSCHWELLENRECHNUNG (BREAK-EVEN-ANALYSE)
            ... GEWINNSCHWELLENRECHNUNG BEI
                SINGULÄRER LEISTUNGSERSTELLUNG
            ... GEWINNSCHWELLENRECHNUNG BEI
                MULTIPLER LEISTUNGSERSTELLUNG
        ... BEURTEILUNG DES EINSTUFIGEN DIRECT COSTING
    ... MEHRSTUFIGES DIRECT COSTING
        ... BETRIEBSERGEBNISERMITTLUNG MIT HILFE
            DES MEHRSTUFIGEN DIRECT COSTING
        ... ANWENDUNGSMÖGLICHKEIT DES MEHRSTUFIGEN DIRECT COSTING
        ... BEURTEILUNG DES MEHRSTUFIGEN DIRECT COSTING
```

Die **Deckungsbeitragsrechnung** ist ein Kostenrechnungssystem, bei dem nur die variablen Kosten beziehungsweise die Deckungsbeiträge als Grundlage für Entscheidungen herangezogen werden.

Zur **kurzfristigen Erfolgsrechnung** werden zusätzlich die fixen Kosten berücksichtigt. Der Ausbau der Deckungsbeitragsrechnung zum Umsatzkostenverfahren lässt sich durch Berücksichtigung von variablen und fixen Kosten realisieren.

Die Elemente des **Triumvirat der Kostenrechnung** – Kostenarten-, Kostenstellen- und Kostenträgerrechnung – werden in Analogie der Kostenrechnung auf Vollkostenbasis durchgeführt, jedoch führt die Spaltung in fixe und variable Kostenbestandteile zu einer anderen Vorgehensweise. Für jede Kostenart wird in jeder Kostenstelle eine Auflösung der Kosten in ihre fixen und variablen Bestandteile (**Kostenauflösung**, **Kostenspaltung**) vorgenommen. In der Kostenstellenrechnung finden anschließend mit den variablen Kosten eine innerbetriebliche Leistungsverrechnung sowie die Bildung von Kalkulationssätzen statt. Die fixen Kosten finden erst wieder Berücksichtigung bei der Betriebserfolgsrechnung.

Die Abbildung 121 stellt schematisch die abrechnungstechnische Beziehung zwischen Kostenarten-, Kostenstellen- und Kostenträgerrechnung zum Ausbau der Kurzfristigen Erfolgsrechnung dar.

Abbildung 121 - *Schematische Darstellung der abrechnungstechnischen Beziehungen innerhalb des Triumvirats der Kostenrechnung sowie der Kurzfristigen Erfolgsrechnung auf Teilkostenbasis*

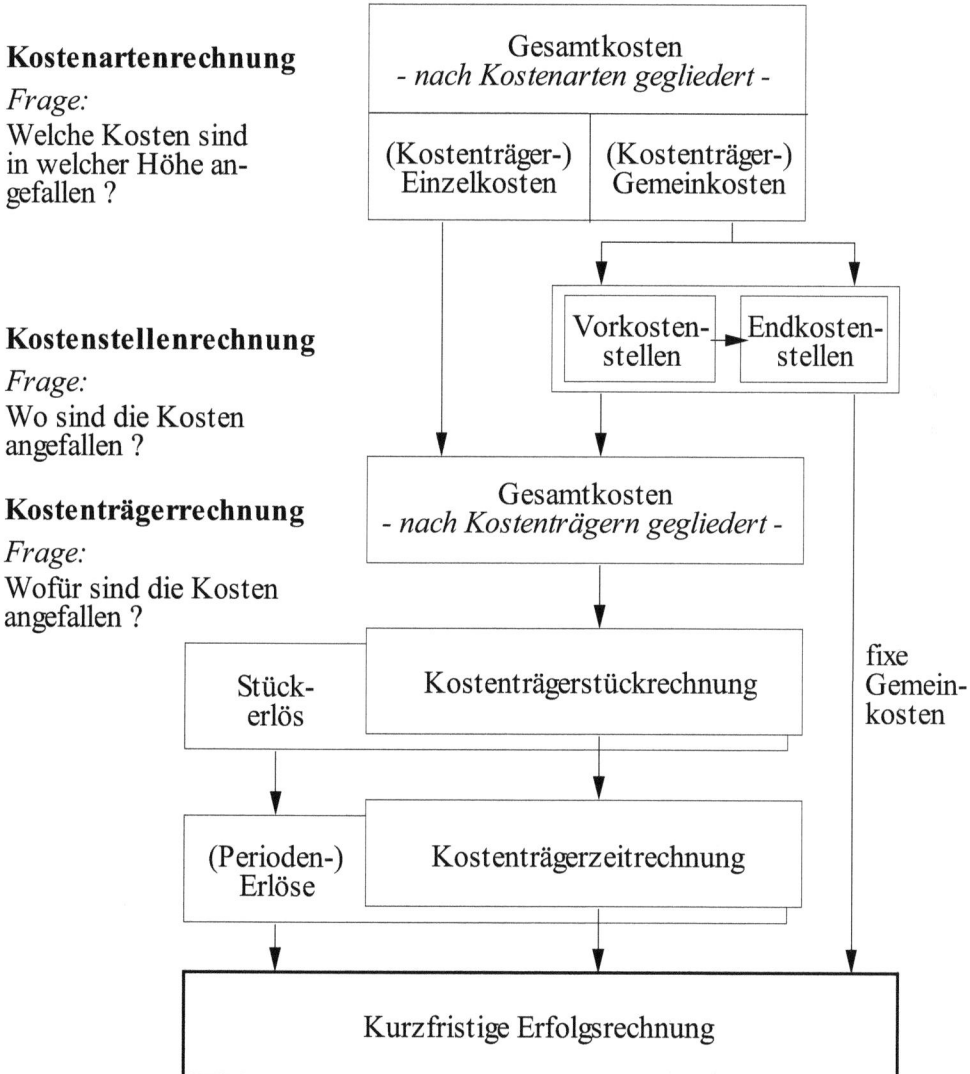

Je nach den Teilen der (Gemein)kosten, die bei der Kurzfristigen Erfolgsrechnung in die Berechnung des Betriebserfolgs eingehen, können abgegrenzt werden

- EINSTUFIGES DIRECT COSTING UND
- MEHRSTUFIGES DIRECT COSTING.

EINSTUFIGES DIRECT COSTING

Bei der Deckungsbeitragsrechnung in Form des **einstufigen Direct Costing** werden die Fixkosten zu einem Block zusammengefasst, der – ohne weitere Berücksichtigung in der Kostenträgerrechnung zu finden – im Rahmen der Kurzfristigen Erfolgsrechnung in die Errechnung des Betriebsergebnisses eingeht:

- BETRIEBSERGEBNISERMITTLUNG MIT HILFE DES EINSTUFIGEN DIRECT COSTING,
- ANWENDUNGSMÖGLICHKEIT DES EINSTUFIGEN DIRECT COSTING UND
- BEURTEILUNG DES EINSTUFIGEN DIRECT COSTING.

BETRIEBSERGEBNISERMITTLUNG MIT HILFE DES EINSTUFIGEN DIRECT COSTING

Ausgangspunkt der **Erfolgsrechnung mit Hilfe des einstufigen Direct Costing** ist der Erlös eines Unternehmens, der sich im Betrachtungszeitraum als Ergebnis aus verwerteter Leistungsmenge (m) und dem Stückpreis (p) ergibt. Vom Erlös werden die variablen Kosten differenziert nach Kostenträgern abgezogen. Diese variablen Kosten, die sich aus den i.d.R. proportionalen (Kostenträger-)Einzelkosten und den proportionalen (Kostenträger-)Gemeinkosten zusammensetzen, sind zuvor in einer auf Teilkostenbasis durchgeführten Kostenträgerrechnung ermittelt worden. Die Differenz zwischen Erlösen und variablen Kosten wird als **Deckungsbeitrag** bezeichnet; er trägt zur Deckung der Fixkosten und zur Gewinnerzielung bei. Bis zu diesen Rechnungsschritten sind die Fixkosten nicht betrachtet worden. Sie werden erst in der (Betriebs-)-

Erfolgsrechnung benötigt, in der vom (Unternehmens-)Deckungsbeitrag die fixen Kosten `en bloc´ subtrahiert werden. Das Ergebnis dieser Rechnung liefert einen positiven oder negativen Betriebserfolg. Der **Betriebserfolg mit Hilfe der Deckungsbeitragsrechnung** in Form des einstufigen Direct Costing lässt sich bestimmen nach

```
      (Umsatz-)Erlöse
./. variable Kosten der verwerteten Leistungsmenge
   = Deckungsbeitrag (DB)
./. fixe Kosten
   = Betriebserfolg
```

Die Vorgehensweise der Ermittlung des Betriebsergebnisses ist schematisch in der Abbildung 122 aufgezeigt.

Abbildung 122 - Grundschema der Deckungsbeitragsrechnung in Form des einstufigen Direct Costing am Beispiel eines zweistufigen Leistungserstellungsprogramms

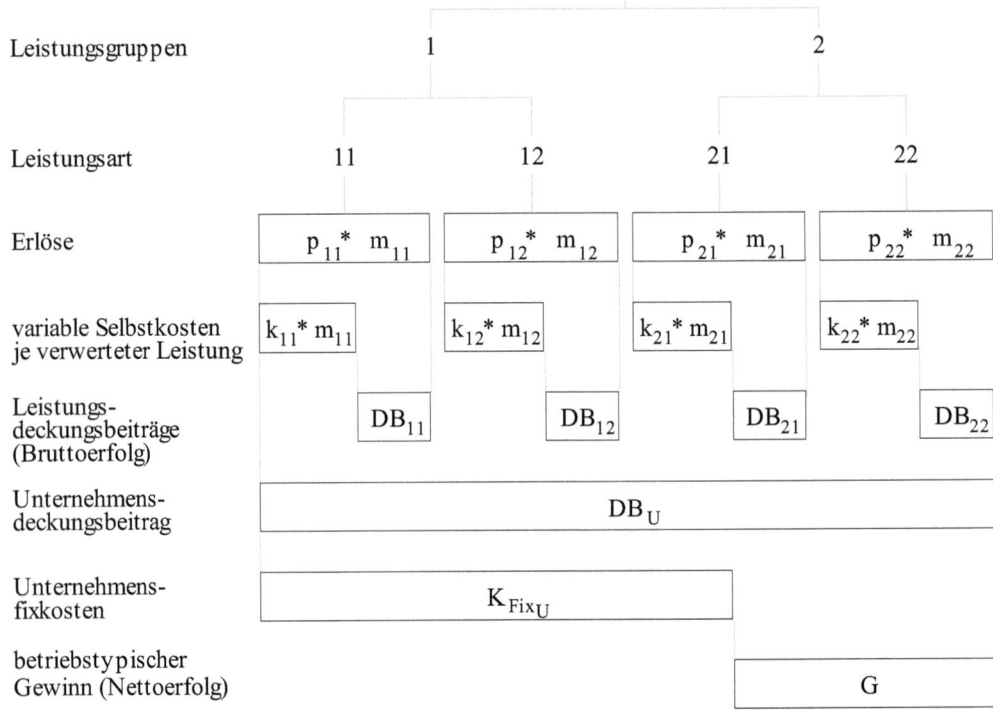

Legende:
P   Stückpreis
M   Menge
kv   variable Stückkosten
db   Stückdeckungsbeitrag
DB   (Unternehmens-)Deckungsbeitrag, Bruttoerfolg
KFU   (Unternehmens-)Fixkosten
G   betriebstypischer Gewinn (Nettoerfolg)

Anwendungsmöglichkeit des einstufigen Direct Costing

Das einstufige Direct Costing unterstützt eine Reihe von Entscheidungssituationen, in denen die Anwendung der Vollkostenrechnung aufgrund der bereits genannten Kritikpunkte nicht zweckmäßig ist.

Einige dieser Situationen werden aufgezeigt, um einen praxisorientierten Überblick über die wichtigsten Einsatzgebiete zu geben. Neben den Anwendungsmöglichkeiten

- der **Einzelauftragsannahme/ -ablehnung**: Bei der Einzelauftragsannahme/ -ablehnung handelt es sich um eine Entscheidung, bei der einem Unternehmen zu einem bestimmten (Nachfrage-)Preis zusätzliche Leistungen nachgefragt werden; es muss über die Annahme oder Ablehnung des Zusatzauftrags entschieden werden;
- der **Ermittlung der (Angebots-)Preisuntergrenze**: Die **Preisuntergrenze** gibt die (Netto-)Preisforderung am Markt an, die das Unternehmen bei einem gegebenen Leistungsprogramm fordern muss, um am Markt bestehen zu können;
- der **Eigen- oder Fremdbezug (Make-or-Buy-Entscheidungen)**: Die kurzfristige Entscheidung, ob Leistungen fremdbezogen oder selbsterstellt werden sollen, ist nicht nur bei Engpasssituation zu treffen, sondern auch unter dem Gesichtspunkt der Kostenminimierung;

sind zu nennen die

- BESTIMMUNG EINES OPTIMALEN LEISTUNGSPROGRAMMS UND
- GEWINNSCHWELLENRECHNUNG (BREAK-EVEN-ANALYSE).

BESTIMMUNG EINES OPTIMALEN LEISTUNGSPROGRAMMS

Die Ermittlung des Deckungsbeitrags, den eine Leistungsart zur Deckung der Gesamtfixkosten eines Unternehmens beisteuert, lässt sich nutzen, um anhand der Deckungsbeiträge eine Reihenfolge über die **Förderungswürdigkeit** der verschiedenen Leistungsarten aufzustellen, respektive um innerhalb eines Leistungsprogramms die Leistungsarten zu finden, die die höchsten Erfolgsbeiträge liefern. Die Ermittlung eines optimalen Leistungsprogramms kann geschehen durch die

- BESTIMMUNG VON FÖRDERUNGSPRÄFERENZEN INNERHALB EINES LEISTUNGSPROGRAMMS UND
- BESTIMMUNG DES LEISTUNGSPROGRAMMS ANHAND VON ENGPÄSSEN.

BESTIMMUNG VON FÖRDERUNGSPRÄFERENZEN INNERHALB EINES LEISTUNGSPROGRAMMS

Unter der Prämisse, dass sämtliche Leistungen, die erstellt werden, auch verwertet werden können, ist die Rangfolge der Leistungen von der Höhe der **(Stück-)Deckungsbeiträge** abhängig. Es bedarf der Entscheidung, in welcher Reihenfolge die Leistungen am günstigsten für das Unternehmen erstellt werden. Leistungsarten mit dem höchsten (Stück-)Deckungsbeitrag sollten im Leistungserstellungsprozess präferiert werden. Das Entschei-dungskriterium lautet:

$$\text{absoluter (Stück-)Deckungsbeitrag} \geq 0$$

Entscheidungskriterium ist die **Rangfolge der positiven Deckungsbeiträge**.

BESTIMMUNG DES LEISTUNGSPROGRAMMS ANHAND VON ENGPÄSSEN

Ein **Engpass** ist eine Beschränkung der Leistungserstellung oder der Leistungsverwertung in einem Unternehmen, der bestimmte Leistungsmengen bezüglich ihrer höchstmöglichen Ausprägung behindert.

Tritt ein **Engpass im Leistungsverwertungsbereich** auf, so müssen zur Maximierung des Gesamtdeckungsbeitrags vor allem Leistungen mit einem positiven (Stück-)Deckungsbeitrag erstellt und verwertet werden.

Liegt ein **Engpass im Leistungserstellungsprozess** vor, so kann nicht der (absolute) Deckungsbeitrag zur Entscheidung herangezogen werden, sondern nur der Deckungsbeitrag, der bezüglich der Engpasskapazität proportionalisiert wird. Dieser **relative** beziehungsweise **spezifische Deckungsbeitrag** einer Leistung ist das Verhältnis aus Deckungsbeitrag und der in Anspruch genommenen Engpasskapazität (-beanspruchung). Das Entscheidungskriterium lautet:

$$relativer\ Deckungsbeitrag = \frac{absoluter\ Deckungsbeitrag}{Engpassbeanspruchung}$$

Gewinnschwellenrechnung (Break-Even-Analyse)

Die **Gewinnschwellenrechnung** gibt Auskunft darüber, bei welcher verwerteten Leistungsmenge die Gesamtkosten gerade gedeckt sind oder ein Mindestgewinn realisiert wird. Dabei wird abgegrenzt zwischen der

- Gewinnschwellenrechnung bei singulärer Leistungserstellung und
- Gewinnschwellenrechnung bei multipler Leistungserstellung.

Gewinnschwellenrechnung bei singulärer Leistungserstellung

Mit der **Gewinnschwelle** beziehungsweise dem **Break-Even-Point** (BEP) wird im einfachsten Fall einer singulären Leistungserstellung die Leistungsmenge berechnet, bei der die Erlöse gerade ausreichen um sämtliche fixen Kosten und die angefallenen variablen (proportionalen) Kosten der verwerteten Leistungen zu decken.

Abbildung 123 - Beispiel einer graphischen Darstellung einer Gewinnschwellenrechnung

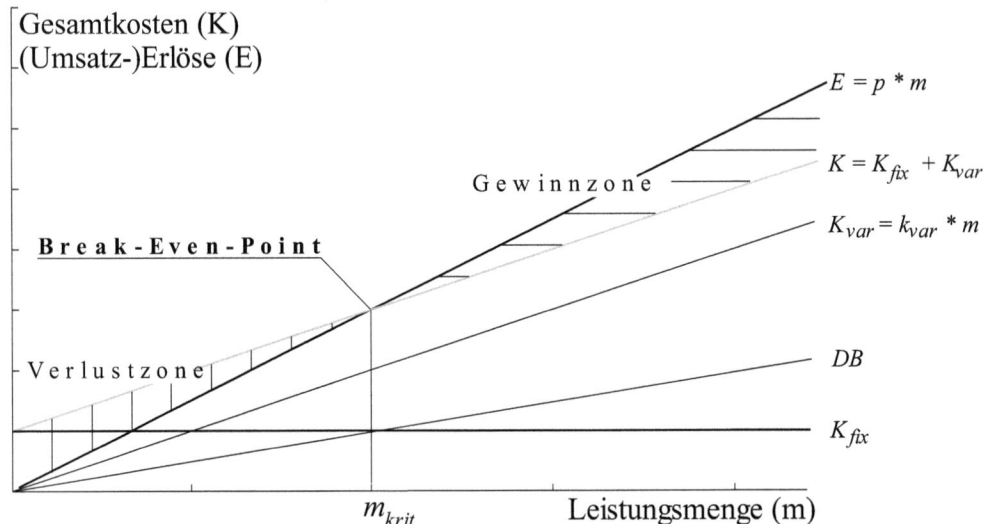

Legende:
- K Gesamtkosten
- K_{fix} Fixkosten
- K_{var} variable Kosten
- K_{var*} variable Kosten je Leistungseinheit
- M verwertete (Leistungs-)Menge
- E (Netto-)Erlös
- p Preis je Leistungseinheit
- m_{krit} kritische Menge Gewinnschwelle (Break-Even-Point)

Im **Break-Even-Point** sind die Erlöse der verwerteten Leistungen gleich den Gesamtkosten. Die Gewinnschwellenrechnung eignet sich als Instrument der Gewinnplanung und -kontrolle.

Sind die Erlöse kleiner als die Gesamtkosten, so arbeitet das Unternehmen in einer **Verlustzone**. Sind die Erlöse größer als die Gesamtkosten, so arbeitet das Unternehmen in einer anzustrebenden **Gewinnzone**.

Bei konstanten variablen (proportionalen) Kosten pro Leistungseinheit und konstanten (Netto-)Erlösen pro Leistungseinheit ergeben sich funktional für die Kosten und Erlöse die Funktionen

$$K = K_{fix} + k_{var} * m \quad \text{sowie}$$
$$E = p * m$$

Die **Gewinnschwelle** ergibt sich durch Gleichsetzen von Erlös- und Kostenfunktion:

$$E = K$$
$$p * m_{krit} = K_{fix} + k_{var} * m_{krit}$$
$$m_{krit} = \frac{K_{fix}}{p ./. k_{var}} = \frac{K_{fix}}{dp}$$

Die **Gewinnschwelle** kann ermittelt werden, indem die fixen Kosten durch den Deckungsbeitrag je Leistungseinheit (db = p ./. k_{var}) dividiert wird.

Gewinnschwellenrechnung bei multipler Leistungserstellung

Die Gewinnschwellenrechnung bei einer Leistungserstellung und -verwertung unterschiedlicher Leistungsarten ist wesentlich schwieriger als im singulären Fall, da sich die zusätzlichen Parameter der Einflussfaktoren auf das Ergebnis für jede zusätzliche Leistungsart vermehrt auswirken und sich somit keine eindeutige Gewinnschwellenmenge ermitteln lässt.

Beurteilung des einstufigen Direct Costing

Als Kritikpunkte am einstufigen Direct Costing lassen sich anführen

1. Die undifferenzierte Zusammenfassung der Fixkosten: Das einstufige Direct Costing 'verschenkt' das Potenzial zur Ableitung langfristiger Entscheidungen durch die undifferenzierte Behandlung der fixen Kosten.

2. Die Abbaufähigkeit der Fixkosten ist nicht ersichtlich: Als fixe Kosten werden alle nicht beschäftigungsabhängigen und für die Entscheidung nicht relevanten Kosten bezeichnet; mit welcher Frist diese Kosten jeweils fix sind, ist nicht ersichtlich, jedoch für Entscheidungen von erheblicher Bedeutung.

Aufgrund dieser Kritikpunkte ist eine differenzierte Betrachtung der fixen Gemeinkosten im Rahmen des Direct Costing hinzugekommen: das mehrstufige Direct Costing beziehungsweise die Fixkostendeckungsrechnung.

MEHRSTUFIGES DIRECT COSTING

Bei der **mehrstufigen** Variante der Deckungsbeitragsrechnung in Form des **Direct Costing** werden die Fixkosten in der Kostenrechnung herausgelöst und ohne Schlüsselung stufenweise nach Leistungsarten-, Leistungsgruppen-, Bereichs- und Gesamtunternehmensebene verrechnet.

Im Folgenden wird eingegangen auf die

- BETRIEBSERGEBNISERMITTLUNG MIT HILFE DES MEHRSTUFIGEN DIRECT COSTING,
- ANWENDUNGSMÖGLICHKEIT DES MEHRSTUFIGEN DIRECT COSTING UND
- BEURTEILUNG DES MEHRSTUFIGEN DIRECT COSTING.

BETRIEBSERGEBNISERMITTLUNG MIT HILFE DES MEHRSTUFIGEN DIRECT COSTING

Die Deckungsbeitragsrechnung in Form des **mehrstufigen Direct Costing** ist dadurch gekennzeichnet, dass auf der Basis der Kostenspaltung in variable und fixe Bestandteile die fixen Kosten differenziert behandelt werden. Diese Variante der Deckungsbeitragsrechnung wird aufgrund der stufenweisen Verrechnung der fixen Gemeinkosten auch als **mehrstufige Fixkostendeckungsrechnung** bezeichnet, die entsprechend des Grads der Fixkostendifferenzierung in unterschiedlichen Erscheinungsformen auftritt.

Das Ziel ist, den Aussagegehalt des einstufigen Direct Costing durch eine weitere Aufgliederung der fixen Kosten zu erhöhen, wobei der Grundsatz, die Kosten nicht zu schlüsseln, erhalten bleibt. Die **Aufspaltung der Fixkosten** wird lediglich so weit durchgeführt, wie dies ohne Schlüsselung möglich ist.

Die gestufte Vorgehensweise der Fixkostendeckungsrechnung geschieht zunächst analog der des Direct Costing, das heißt es werden Deckungsbeiträge als Differenzen zwischen (Umsatz)Erlösen und variablen Kosten gebildet. Im Anschluss werden den Deckungsbeiträgen die fixen Kosten gegenübergestellt, aufgespalten nach den entsprechenden Zurechnungsobjekten.

Abbildung 124 - Grundschema der Deckungsbeitragsrechnung in Form des mehrstufigen Direct Costing am Beispiel eines zweistufigen Leistungserstellungsprogramms

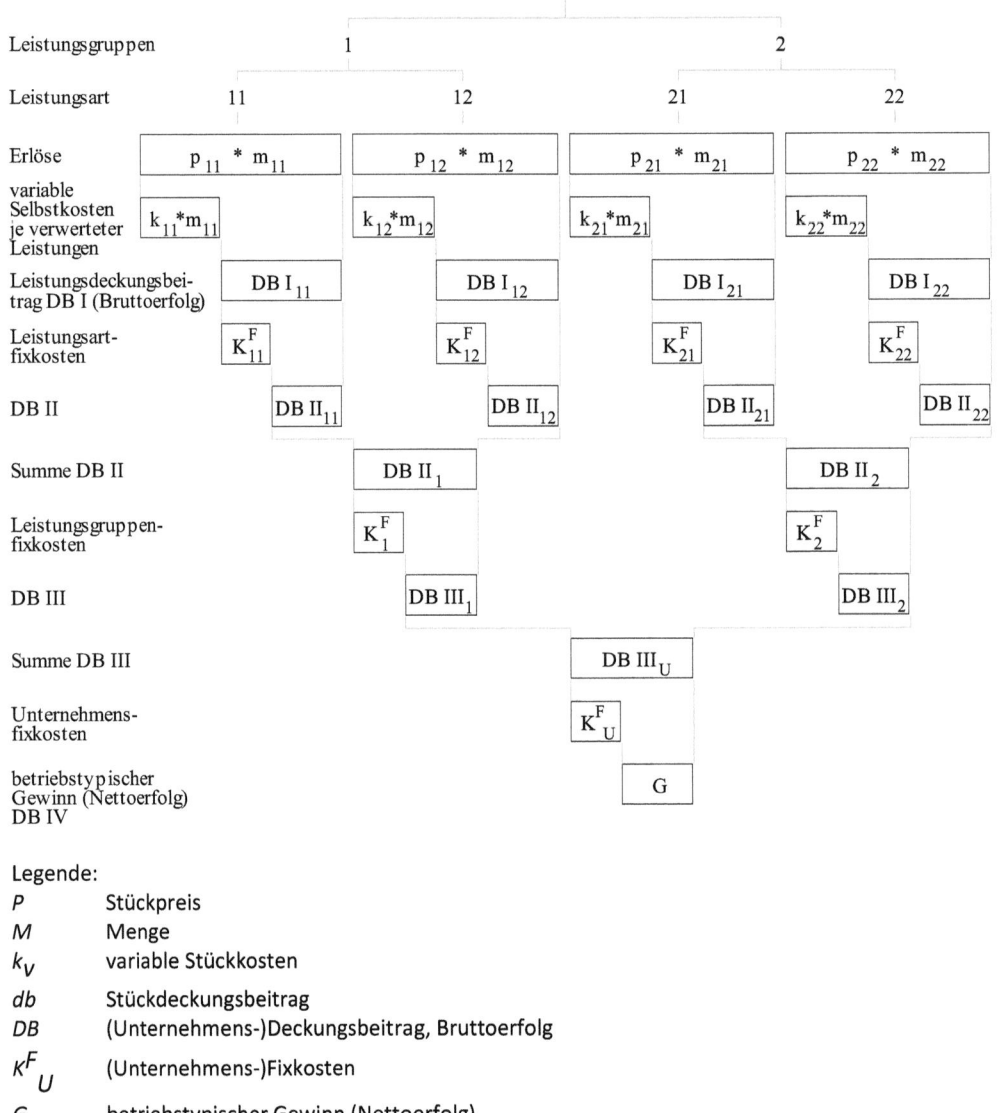

Legende:
P   Stückpreis
M   Menge
k_v variable Stückkosten
db   Stückdeckungsbeitrag
DB   (Unternehmens-)Deckungsbeitrag, Bruttoerfolg
k^F_U (Unternehmens-)Fixkosten
G   betriebstypischer Gewinn (Nettoerfolg)

Zurechnungsobjekte, denen die Fixkosten als Einzelkosten zugeordnet werden können, sind Unternehmensgrößen- und -strukturabhängig und können beispielsweise sein

- **Leistungsartfixkosten**: Fixkosten, die bei Verzicht auf die Erstellung einer Leistungsart wegfallen würden wie beispielsweise Kosten für Spezialwerkzeuge, Modelle oder Qualitätskontrollen;
- **Leistungsgruppenfixkosten**: Fixkosten, die bei Verzicht auf die Erstellung einer Leistungsgruppe wegfallen würden wie beispielsweise Kosten für Universalmaschinen, die nur mit dieser Leistungsgruppe beschäftigt sind;
- **Leistungsbereichsfixkosten**: Fixkosten, die bei Verzicht auf die Erstellung eines Leistungsbereichs wegfallen würden wie beispielsweise Gehälter für die Bereichsleitung, Abschreibungen und Mieten für Gebäude;
- **Unternehmensfixkosten**: Fixkosten, die bei einer Unternehmenseinstellung wegfallen würden wie beispielsweise Gehälter für die Unternehmensleitung sowie Steuern.

Nach der **Aufspaltung der fixen Kosten** werden die in einer Stufe ermittelten Deckungsbeiträge stufenweise addiert, um die der Stufe zugehörigen anteiligen Fixkosten abzuziehen. Somit bilden sich je Stufe neue Deckungsbeiträge, die auf der nächsten Stufe in derselben Weise unter Verwendung der anteiligen Fixkosten dieser Stufe weiterberechnet werden. In der letzten Stufe wird der nicht zurechenbare Kostenwert dem aggregierten Deckungsbeitrag gegenübergestellt und somit der Betriebserfolg des Betrachtungszeitraums ermittelt. Die stufenweise Berücksichtigung der Fixkosten verdeutlicht die Abbildung.

ANWENDUNGSMÖGLICHKEIT DES MEHRSTUFIGEN DIRECT COSTING

Eine typische Entscheidungssituation, bei der das mehrstufige Direct Costing Anwendung findet, ist die Festlegung von Preisuntergrenzen für einen Auftrag bei Unterbeschäftigung sowie in Zeiten von Liquiditätsknappheit.

Gerade in Zeiten von Liquiditätsengpässen kann vorübergehend auf die Deckung von kurzfristig nicht ausgabewirksamen Kosten wie beispielsweise Abschreibungen verzichtet werden, um wenigstens die ausgabewirksamen Kosten abdecken zu können.

BEURTEILUNG DES MEHRSTUFIGEN DIRECT COSTING

Die Verwendung des Direct Costing macht deutlich, dass diese Form der Teilkostenrechnung gegenüber der Vollkostenrechnung erhebliche Vorteile im Hinblick auf die Bereitstellung von Informationen für betriebliche Entscheidungen aufweist. Der Informationsgehalt des mehrstufigen Direct Costing übersteigt das des einstufigen Direct Costing erheblich. Jedoch erhöht sich ebenso der Aufwand für die Ermittlung des kurzfristigen Betriebserfolgs.

Mit dem Übergang zum mehrstufigen Direct Costing sind die Kritikpunkte der Berücksichtigung der Fixkosten `en bloc´ beseitigt worden. Neben den schon beim einstufigen Direct Costing geäußerten Kritikpunkten werden ergänzend kritisch gesehen

3. der Beschäftigungsgrad als einzige Kosteneinflussgröße: Neben dem Beschäftigungsgrad können Kosten auch von Größen beeinflusst werden wie beispielsweise von der Auftragszusammensetzung;

4. die Proportionalisierung variabler Kosten: Kosten, die vom Beschäftigungsgrad abhängen, verändern sich nicht unbedingt linear (proportional), sondern auch progressiv oder degressiv. Dazu kommt, dass Kosten als variabel angesehen werden, die in der Praxis kurzfristig jedoch beschäftigungsunabhängig sind wie beispielsweise Löhne aufgrund von Kündigungsfristen;

5. die Proportionalisierung sprungfixer Kosten: Sprungfixe Kosten bleiben innerhalb eines Beschäftigungsintervalls konstant und steigen erst

bei Überschreiten eines bestimmten Beschäftigungsgrads sprunghaft an wie beispielsweise Gehälter. Durch die Kostenaufspaltung werden diese fixen Kosten proportionalisiert;

6. die Schlüsselung von variablen Gemeinkosten: Es ist oft schwirig, für die variablen Gemeinkosten, die einzelnen Kostenträgern mit Hilfe von Bezugsgrößen zugerechnet werden, geeignete Bezugsgrößen zu finden, beziehungsweise die variablen Gemeinkosten sind in der Realität eher variable Kosten eines verbundenen Prozesses wie beispielsweise Transport- und Verpackungskosten für aus mehreren Leistungsarten bestehenden Aufträgen;

7. die Schlüsselung von regelmäßigen Gemeinkosten: Es werden Gemeinkosten, die regelmäßig auftreten wie beispielsweise Versicherungsbeiträge oder Provisionen auf unterjährige Betrachtungszeiträume proportionalisiert, wobei unterstellt wird, dass sämtliche Kosten einzelnen Zeiträumen eindeutig zurechenbar sind.

Alle diese Kritikpunkte können beispielsweise bei der Gewinnschwellenberechnung zu einem nicht exakten Break-Even-Point führen und somit zu eventuell falschen Entscheidungen.

Abkürzungsverzeichnis

./.	mathematisches Minuszeichen (nicht zu verwechseln dem Zeichen für einen Bindestrich)
GKR	Gemeinschaftskontenrahmen
GKV	Gesamtkostenverfahren
i.e.S.	im engeren/ eigentlichen Sinne
IKR	Industriekontenrahmen
iLR	innerbetriebliche Leistungsverrechnung
UKV	Umsatzkostenverfahren
Vgl./ vgl.	Vergleiche

Sachwortregister

Nutzung des Sachwortregisters:
    Den Begriffsinhalt zum Sachwort finden Sie, in dem Sie der Seitenzahl oder dem (blauen) Pfeil folgen.

(Preis-)Angeboten -> 68
(Stück-)Deckungsbeiträge -> (Stück-)Deckungsbeiträge -> 108
A
Abgrenzung: Aufwand – Kosten -> 18
Abgrenzung: Ertrag – Leistung -> 26
Abgrenzungsbereich -> 33
Abhängigkeit vom betrieblichen Leistungserstellungsprozess – die Kostenträgerstückrechnung -> 74
Abhängigkeit vom Durchführungszeitpunkt – die Kostenträgerstückrechnung -> 74
Abrechnungstechnische Kostenstellenbildung -> 53
Abschreibungen, kalkulatorische Abschreibungen -> 23
Anbauverfahren -> 60
Anderskosten -> 22
Anderskosten, Zweckaufwand als Anderskosten -> 21
Andersleistung, Zweckertrag als Andersleistung -> 29
Andersleistungen -> 29, 30
Angebote, (Preis-)Angeboten -> 68
Anwendungsmöglichkeit des einstufigen Direct Costing -> 107
Anwendungsmöglichkeit des mehrstufigen Direct Costing -> 116
Äquivalenzziffernkalkulation -> 78
Aufgabe der Kostenartenrechnung -> 43
Aufgabe der Kostenträgerrechnung -> 70
Aufgaben der Kostenrechnung -> 11
Aufgaben der Kostenstellenrechnung -> 50, 54
Aufgaben der Kostenträgerrechnung -> 72
Aufgaben der Kurzfristigen Erfolgsrechnung -> 14, 88
Aufgaben der Leistungsrechnung -> 12
Aufgaben des Betriebsabrechnungsbogens -> 57
Aufspaltung der fixen Kosten -> 113, 115
Aufwand - eine dezidierte Betrachtung -> 20
Aufwand – Kosten -> Abgrenzung: Aufwand – Kosten -> 18
Aufwand -> 18
Aufwand -> Außerordentlicher Aufwand -> 20
Aufwand, Neutraler Aufwand -> 20
Aufwand, Zeitraumfremder Aufwand -> 20
Außerordentlicher Aufwand -> 20
Außerordentlicher Ertrag -> 28
B
BAB -> Betriebsabrechnungsbogen -> 56
Begriff der Kostenstelle -> Kostenstellenbegriff -> 51
Bereitschaftskosten -> 48
Beschäftigungsabweichungen -> 68
Beschäftigungsänderungen -> 68
Bestimmung des Leistungsprogramms anhand von Engpässen -> 109
Bestimmung eines optimalen Leistungsprogramms -> 108
Bestimmung von Förderungspräferenzen innerhalb eines Leistungsprogramms -> 108

Betriebsabrechnungsbogen (BAB) als Hilfsmittel der Kostenstellenrechnung -> 56
Betriebsabrechnungsbogen -> 34, 56
Betriebsabrechnungsbogen -> Aufgaben des Betriebsabrechnungsbogens -> 57
Betriebsbuchhaltungsbereich -> 33
Betriebserfolg -> 100; 100
Betriebserfolg mit Hilfe der Deckungsbeitragsrechnung -> 105
Betriebsergebnis -> 90
Betriebsergebnisermittlung mit Hilfe des einstufigen Direct Costing -> 104
Betriebsergebnisermittlung mit Hilfe des mehrstufigen Direct Costing -> 113
Betriebsfremder Aufwand -> 21
Betriebsfremder Ertrag -> 28
Betriebszuschlagskalkulation -> 82
Beurteilung des einstufigen Direct Costing -> 112
Beurteilung des mehrstufigen Direct Costing -> 116
Bezugsgröße der verwaltungs- und Verwertungskosten -> 66
Bezugsgrößen -> 58
Bezugsgrößenhierarchie -> 87
Bezugsgrößenkalkulation -> 87
Break-Even-Point -> 110, 111

C

D

Deckungsbeitrag -> 100, 104
Deckungsbeitrag, relative Deckungsbeitrag -> 109
Deckungsbeitrag, spezifische Deckungsbeitrag -> 109
Deckungsbeiträge, Rangfolge der positiven Deckungsbeiträge -> 108
Deckungsbeitragsrechnung -> 98, 102
Deckungsbeitragsrechnung i.e.S. -> 100
Deckungsbeitragsrechnung mit relativen Einzelkosten -> 99
Deckungsbeitragsrechnungsverfahren -> 98
differenzierende Zuschlagskalkulation -> 84, 87
Direct Costing, mehrstufiges Direct Costing -> 113
Direkte Verteilung -> 58
Dispositionsaufgaben der Kostenrechnung -> 11
Dispositionsaufgaben der Leistungsrechnung -> 12
Divisionskalkulation (i.e.S.) -> 79
Divisionskalkulation, mehrstufige Divisionskalkulation -> 81
Divisionskalkulation, Verfahren der Divisionskalkulation -> 78
Divisionskalkulation, zweistufige -> 80
Durchrechnung -> 41

E

echten Gemeinkosten -> 47
Eigen- oder Fremdbezug -> 107
einstufige Divisionskalkulation -> 79
Einstufiges Direct Costing -> 104
Einstufiges Direct Costing -> Anwendungsmöglichkeit des einstufigen Direct Costing -> 107
Einzelauftragsablehnung -> 107
Einzelauftragsannahme -> 107
Einzelkosten -> 47
Einzelkosten -> Kostenstellen-Einzelkosten -> 51
Einzelkosten, Rechnen mit relativen Einzelkosten -> 99
elektive Betriebszuschlagskalkulation -> 83

elektive Kostenstellenzuschlagskalkulation -> 87
Endkostenstelle -> 53
Engpass -> 109
Engpass im Leistungserstellungsprozess -> 109
Engpass im Leistungsverwertungsbereich -> 109
Erfassungsorientierung der Kostenarten -> 43
Erfolgsrechnung, kurzfristige -> Instrumente der Kurzfristigen Erfolgsrechnung -> 91
Erfolgsrechnung, kurzfristige -> kostenartenorientierte Kurzfristige Erfolgsrechnung -> 91
Erfolgsrechnung, kurzfristige -> Kurzfristige Erfolgsrechnung -> 13, 88, 90, 102
Ergebnis, neutralen Ergebnis -> 90
Ergebnistabellen der Abgrenzungsrechnung -> 33
Ergebnistabellen der Rechnungsbereiche -> 33
Erlös -> 26
Erlösrechnung -> 12
Ermittlung der (Angebots-)Preisuntergrenze -> 107
Ermittlung von Kalkulationssätzen -> 63
Ertrag - eine dezidierte Betrachtung -> 28
Ertrag – Leistung -> Abgrenzung: Ertrag – Leistung -> 26
Ertrag -> 26
Ertrag -> Außerordentlicher Ertrag -> 28
Ertrag, Zeitraumfremder Ertrag -> 28
F
Fixe Kosten -> Aufspaltung der fixen Kosten -> 113, 115
fixe Kostenarten -> 48
fixen Kosten -> 48
fixkostenbedingte Abweichung -> 68
Fixkostendeckungsrechnung, mehrstufige Fixkostendeckungsrechnung -> 113
Förderungswürdigkeit -> 108
Formen der Kostenträgerrechnung -> 73
Fremdbezug -> Eigen- oder Fremdbezug -> 107
Funktionale Kostenstellenbildung -> 52
G
Gehalt -> 24
Gemeinkosten -> 47
Gemeinkosten -> Kostenstellen-Gemeinkosten -> 58
Gemeinkosten, primären (Kostenstellen-)Gemeinkosten -> 58
Gemeinkosten, unechten Gemeinkosten -> 47
Gemeinschaftskontenrahmen -> 49
Gesamtkostenverfahren -> 91
Gesamtkostenverfahren auf Teilkostenbasis -> 97
Gewinn -> 24
Gewinnschwelle -> 110, 111
Gewinnschwellenrechnung (Break-Even-Analyse) -> 110
Gewinnschwellenrechnung bei multipler Leistungserstellung -> 112
Gewinnschwellenrechnung bei singulärer Leistungserstellung -> 110
Gewinnzone -> 111
Gleichungsverfahren -> 61
Gliederung der Kostenarten -> 43
Gliederungskriterien der Kostenarten -> 45
Grenzkosten -> 100
Grundkosten -> 22

Grundkosten, Zweckaufwand als Grundkosten -> 21
Grundleistung, Zweckertrag als Grundleistung -> 29
Grundleistungen -> 30
Grundsätze der Kostenstellenbildung -> 51

H
Hauptaufgaben des Rechnungswesens -> 10
Hauptkostenstelle -> 52
Herstellkosten der Leistungserstellung -> 65, 85
Herstellkosten der Leistungsverwertung -> 66
Hilfskostenstelle -> 53
Homogenität des Kostenträgers -> 79

I
iLR -> innerbetriebliche Leistungsverrechnung -> 60
Indirekte Verteilung -> 58
Industriekontenrahmen -> 49
innerbetriebliche Leistungsverrechnung -> 60
Instrumente der Kurzfristigen Erfolgsrechnung -> 91
intern orientierte Rechnungswesen -> 10
Istkosten -> 37

J

K
Kalkulationssätze -> 41
Kalkulationsverfahren -> 78
kalkulatorische Abschreibungen -> 23
kalkulatorische Kosten -> 22
kalkulatorische Leistungen -> 30
kalkulatorische Miete -> 25
kalkulatorische Wagnisse ->- 24
kalkulatorische Zinsen (als Anderskosten) -> 23
kalkulatorischer Unternehmerlohn -> 24
Konten als Hilfsmittel der Kostenstellenrechnung -> 56
Kontrollaufgabe der Kostenrechnung -> 11
Kontrollaufgabe der Leistungsrechnung -> 12
Kontrolle der Kosten -> 68
Kosten - eine dezidierte Betrachtung -> 22
Kosten -> 19
Kosten- und Leistungsrechnung -> 11
Kosten(stellen)kontrolle -> 68
Kosten(stellen)überdeckung -> 69
Kosten(stellen)unterdeckung -> 69
Kosten, kalkulatorische Kosten -> 22
Kosten, leistungsabhängige Kosten -> 49
Kosten, leistungsunabhängige Kosten -> 48
Kosten, primäre Kosten -> 45
Kosten, proportionale Kostenarten -> 48
Kosten, Sachumfang der Kosten -> 38
Kosten, sekundäre Kosten -> 45
Kosten, variablen Kosten -> 48
Kosten, Zeitbezug der Kosten -> 37
Kostenart -> 43
Kostenarten -> aufgrund des Verhaltens bei Beschäftigungsänderungen -> 47

Kostenarten nach Art der Herkunft -> 45
Kostenarten nach Art der Kostenerfassung -> 46
Kostenarten nach Art der Relevanz -> 46
Kostenarten nach Art der verbrauchten Produktionsfaktoren -> 46
Kostenarten nach Art der Verrechnung auf Kostenträger -> 47
Kostenarten nach betrieblichen Funktionsbereichen (Kostenbereichen) -> 49
Kostenarten, Variable Kostenarten -> 48
Kostenarten, Verbrauchscharakter von Kostenarten -> 46
Kostenarten, Verwendungsorientierung der Kostenarten -> 44
Kostenartenbelege -> 58
kostenartenorientierte Kurzfristige Erfolgsrechnung -> 91
Kostenartenplan -> 49
Kostenartenrechnung -> 41
Kostenartenrechnung -> Aufgabe der Kostenartenrechnung -> 43
Kostenauflösung -> 102
Kostenkontrolle -> Kontrolle der Kosten -> 68
Kostenrechnung -> 11
Kostenrechnung -> Aufgaben der Kostenrechnung -> 11
Kostenrechnung, Kontrollaufgabe der Kostenrechnung -> 11
Kostenrechnung, Matrix der Kostenrechnung -> 39
Kostenrechnung, Prinzip der Kostenrechnung -> 41
Kostenrechnung, traditionelle Kostenrechnung -> 39
Kostenrechnung, Triumvirat der Kostenrechnung -> 41
Kostenspaltung -> 102
Kostenstelle -> 51
Kostenstellenbegriff -> 51
Kostenstellenbildung, Leistungstechnische Kostenstellenbildung -> 52
Kostenstellen-Einzelkosten -> 51
Kostenstellen-Gemeinkosten -> 58
Kostenstellenrechnung -> 41
Kostenstellenrechnung -> Aufgaben der Kostenstellenrechnung -> 50, 54
Kostenstellenzuschlagskalkulationen -> 84
Kostenträgerbegriff -> 71
Kostenträgerrechnung -> 42
Kostenträgerrechnung -> Aufgabe der Kostenträgerrechnung -> 70
Kostenträgerrechnung, Aufgaben der Kostenträgerrechnung -> 72
Kostenträgerstückrechnung -> 73
Kostenträgerstückrechnung, Abhängigkeit vom betrieblichen Leistungserstellungsprozess -> 74
Kostenträgerstückrechnung, Abhängigkeit vom Durchführungszeitpunkt -> 74
Kostenträgerstückrechnung, Verfahren der Kostenträgerstückrechnung -> 74
Kostenträgerstückrechnungsverfahren -> Abhängigkeit vom betrieblichen Leistungserstellungsprozess -> 74
Kostenträgerstückrechnungsverfahren -> Abhängigkeit vom Durchführungszeitpunkt -> 74
Kostenträgerzeitrechnung -> 76
Kostenüberwälzung -> 41
Kriterien der Kostenstellensystematisierung -> 52
kumulative Betriebszuschlagskalkulation -> 83
kumulative Kostenstellenzuschlagskalkulation -> 85
Kurzfristige Erfolgsrechnung -> 13
Kurzfristige Erfolgsrechnung -> Aufgaben der Kurzfristigen Erfolgsrechnung -> 88
L
Leistung - eine dezidierte Betrachtung -> 30

Leistung -> 26
Leistungen, kalkulatorische Leistungen -> 30
leistungsabhängige Kosten -> 49
Leistungsartfixkosten -> 115
Leistungsbereichsfixkosten -> 115
Leistungserstellungsbereich -> 64
Leistungsgruppenfixkosten -> 115
Leistungskosten -> 49
Leistungsrechnung -> 12
Leistungsrechnung -> Aufgaben der Leistungsrechnung -> 12
Leistungsrechnung, Kontrollaufgabe der Leistungsrechnung -> 12
Leistungstechnische Kostenstellenbildung -> 52
leistungsunabhängig Kosten -> 48
Leistungsverrechnung, innerbetriebliche -> innerbetriebliche Leistungsverrechnung -> 60

M
Make-or-Buy-Entscheidungen -> 107
Massenfertigung -> 79
Materialbereich -> 64
Matrix der Kostenrechnung -> 39
mehrstufige Divisionskalkulation -> 81
mehrstufige Fixkostendeckungsrechnung -> 113
mehrstufiges Direct Costing -> 113
Mehrstufiges Direct Costing -> Anwendungsmöglichkeit des mehrstufigen Direct Costing -> 116
Mengengrößen -> 63
Mengenschlüssel -> 63
Miete, kalkulatorische Miete -> 25

N
Nachkalkulation -> 74
neutralen Ergebnis -> 90
Neutraler Aufwand -> 20
neutraler Ertrag -> 28
Normalkosten -> 37
Normalkostensätze -> 68

O
Opportunitätskosten -> 25
Optimierungsproblem -> 52

P
Plankosten -> 37
Preisabweichungen -> 68
Preisänderungen -> 68
Preisschwankungen -> 68
Preisuntergrenze -> 107
primäre Gemeinkosten, primären (Kostenstellen-)Gemeinkosten -> 58
primäre Kosten -> 45
primären (Kostenstellen-)Gemeinkosten -> 58
Prinzip der Kostenrechnung -> 41
proportionale Kostenarten -> 48

Q

R
Rangfolge der positiven Deckungsbeiträge -> 108
Rechnen mit relativen Einzelkosten -> 99

Rechnung, Riebel´sche Rechnung -> 99
Rechnungsbereich I -> 33
Rechnungsbereich II -> 33
Rechnungswesen, inter orientiertes -> intern orientierte Rechnungswesen -> 10
relative Deckungsbeitrag -> 109
Riebel´sche Rechnung -> 99
S
Sachumfang der Kosten -> 38
sekundäre Kosten -> 45
Sondereinzelkosten -> 47
spezifische Deckungsbeitrag -> 109
Stufenleitermethode -> 61
Stufenleiterverfahren -> 61
Stufenumlageverfahren -> 61
summarische Zuschlagskalkulation -> 82
T
Teilkostenbasis, Umsatzkostenverfahren auf Teilkostenbasis -> 93
Teilkostenrechnungen -> 38
traditionelle Kostenrechnung -> 39
Triumvirat der Kostenrechnung -> 41
U
Umsatz -> 26
Umsatzerlös -> 26
Umsatzkostenverfahren -> 93
Umsatzkostenverfahren auf Teilkostenbasis -> 93
Umsatzkostenverfahren auf Vollkostenbasis -> 93
Umsatzkostenverfahren, Vorteil des Umsatzkostenverfahrens -> 94
unechten Gemeinkosten -> 47
Unternehmensergebnis -> 90
Unternehmensfixkosten -> 115
Unternehmerlohn, kalkulatorischer Unternehmerlohn -> 24
V
Variable Kostenarten -> 48
variablen Kosten -> 48
Verbrauchsabweichungen -> 68
Verbrauchsänderungen -> 68
Verbrauchscharakter von Kostenarten -> 46
Verfahren der Divisionskalkulation -> 78
Verfahren der Kostenträgerstückrechnung -> 74
Verfahren der Zuschlagskalkulation -> 82
Verlustzone -> 111
Verteilung der primären Gemeinkosten auf die Kostenstellen -> 58
Verteilung, direkte -> Direkte Verteilung -> 58
Verteilung, indirekte -> Indirekte Verteilung -> 58
Verwaltungs- und Verwertungsbereich -> 65
Verwendungsorientierung der Kostenarten -> 44
Vollkostenbasis, Umsatzkostenverfahren auf Vollkostenbasis -> 93
Vollkostenrechnungen -> 38
Vorkalkulation -> 74
Vorkostenstelle -> 53
Vorteil des Umsatzkostenverfahrens -> 94

W
Wagnisse, kalkulatorische Wagnisse -> 24
Wertgrößen -> 63
Wertschlüssel -> 63
X
Y
Z
Zeitbezug der Kosten -> 37
Zeitraumfremder Aufwand -> 20
Zeitraumfremder Ertrag -> 28
Zinsen, kalkulatorische Zinsen (als Anderskosten) -> 23
Zusatzkosten -> 24
Zusatzleistungen -> 31
Zuschlagskalkulation, Betriebszuschlagskalkulation -> 82
Zuschlagskalkulation, summarische Zuschlagskalkulation -> 82
Zuschlagskalkulation, Verfahren der Zuschlagskalkulation -> 82
Zweckaufwand -> 21
Zweckaufwand als Anderskosten -> 21
Zweckaufwand als Grundkosten -> 21
Zweckertrag -> 29
Zweckertrag als Andersleistung -> 29
Zweckertrag als Andersleistung -> 29
Zweckertrag als Grundleistung -> 29
zweistufige Divisionskalkulation -> 80
Zwischenkalkulation -> 74

Literaturverzeichnis

Agthe, K. (19. Jahrgang, 1959). Stufenweise Fixkostendeckung im System des Direct Costing. *Zeitschrift für Betriebswirtschaft.*

Clausius, E. (2014). *Betriebswirtschaftslehre - Eine Einführung in hierarchischen Modulen, Band 1 – Einführung.* Norderstedt: BoD-Books on Demand.

Clausius, E. (2014). *Betriebswirtschaftslehre - Eine Einführung in hierarchischen Modulen, Band 2 – Betrieb als Erkenntnisobjekt der BWL.* Norderstedt: BoD-Books on Demand.

Clausius, E. (2014). *Betriebswirtschaftslehre - Eine Einführung in hierarchischen Modulen, Band 3 – Konstitutionaler Rahmen von Betrieben.* Norderstedt: BoD-Books on Demand.

Clausius, E. (2014). *Betriebswirtschaftslehre - Eine Einführung in hierarchischen Modulen, Band 4 – Privatrechtliche Formen von Betrieben.* Norderstedt: BoD-Books on Demand.

Clausius, E. (2015). *Betriebswirtschaftslehre - Eine Einführung in hierarchischen Modulen, Band 5 – Unternehmenswendepunkte.* Norderstedt: BoD-Books on Demand.

Clausius, E. (2015). *Betriebswirtschaftslehre - Eine Einführung in hierarchischen Modulen, Band 6 – Institutionaler Rahmen von Betrieben.* Norderstedt: BoD-Books on Demand.

Clausius, E. (2015). *Das zweite Gehalt, 3. Aufl.* Norderstedt: BoD-Books on Demand.

Clausius, E. (2016). *Betriebswirtschaftslehre - Eine Einführung in hierarchischen Modulen, Band 7 – Unternehmensrechnung - Finanzbuchhaltung.* Norderstedt: BoD-Books on Demand.

Clausius, E. (2016). *The Second Income.* Norderstedt: BoD-Books on Demand.

Deitermann, M., & Schmolke, S. (1994). *Industrielles Rechnungswesen - IKR - Finanzbuchhaltung, Analyse und Kritik des Jahresabschlusses, Kosten- und Leistungsrechnung. Einführung und Praxis, ab 22. Aufl.* Darmstadt: Winklers Verlag.

Götzinger, M., & Michael, H. (1993). *Kosten- und Leistungsrechnung - Eine Einführung, ab 6. Aufl.* Heidelberg.

Haberstock, L. (1978). *Kostenrechnung I.* Wiesbaden: Gabler.

Haberstock, L. (1982). *Grundzüge der Kosten- und Erfolgsrechnung, ab 3. Aufl.* Wiesbaden: Franz Vahlen.

Kilger, W. (1977). *Flexible Plankostenrechnung und Deckungsbeitragsrechnung, ab 9. Aufl.* Wiesbaden: Gabler.

Kilger, W. (1987). *Einführung in die Kostenrechnung, ab 3. Aufl.* Wiesbaden: Gabler.
Olfert, K. (1976). *Kostenrechnung, ab 2. Aufl.* Ludwigshafen: Kiehl.
Olfert, K., & Rahn, H.-J. (1996). *Lexikon der Betriebswirtschaftslehre.* Ludwigshafen.
Peters, S. (1992). *Betriebswirtschaftslehre, ab 6. Aufl.* München: Oldenbourg.
Schmidt, A. (1996). *Kostenrechnung.* Stuttgart, Berlin, Köln: Kohlhammer.
Schweitzer, M., & Küpper, H.-U. (1991). *Systeme der Kostenrechnung, ab 5. Aufl.* Landsberg/Lech: moderne industrie.

Über den Autor

Email: ecl@eikeclausius.de; Homepage: www.eikeclausius.de;

Dr. Eike Clausius studierte Wirtschaft und Chemie in Berlin, Niederlanden, (ehem.) Tschechoslowakei und den USA und schloss sein Studium als Wirtschaftsingenieur an der TU Berlin mit dem Dipl.-Ingenieur/ TU 1983 ab.

Nach mehrjähriger Tätigkeit in der Industrie promovierte er 1992 zum Dr. rer. oec. an der TU Berlin. 1994 erhielt er einen Ruf zum Professor auf den Lehrstuhl für Allgemeine Betriebswirtschaftslehre an die Westsächsischen Hochschule Zwickau in Zwickau/ Sachsen. Er erweiterte seine Kenntnisse um den Forschungs- und Spezialschwerpunkt:
Unternehmensführung mit emotionaler Kompetenz, insbesondere die
EIKE-Methode – **E**motional-**I**ntelligence-as-**K**ey-**E**lement.
Er ist Bestseller-Autor mehrerer wissenschaftlicher Bücher, Healthy-Living- und Mental-Coach sowie Persönlichkeits-Trainer. Er ist in unterschiedlichen Unternehmen als Coach sowie All-umfassender Trainer tätig.
Mit seiner Familie lebt er in Berlin.

Kontakt zum Autor für Seminarinteressierte, Unterstützer seiner Forschungsgebiete und Sponsoren:
Homepage: www.eikeclausius.de; www.EIKE-Methode.de;
    www.das-zweite-gehalt.de; www.the-second-income.de; www.la-segunda-fuente.de
Email: ecl@eikeclausius.de

Notizen

Notizen

Notizen

Notizen

__Notizen__

Notizen

Notizen